KB033923

@ILLUSTRATOR.ANNA

❶ 프라하성

프라하에서 가장 아름다운 성 단지이자, 성 비투스 대성당을 휘감는 프라하성은 9세기경에 지어져 여러 번 증축되었으며 현재는 체코 대통령의 집무실로 쓰이고 있다. 프라하 어디에서 봐도 굳건하게 혹은 찬란하게 반짝이는 프라하성은 프라하의 가장 아름다운 보물이다.

❷ 구시가지

프라하 구시가지는 중세의 모습을 그대로 간직하고 있다. 구시가지는 옛 성벽과 해자로 둘러싸여 블타바강을 마주 보고 있는데, 그 성벽이 끝나는 지점 서쪽으로는 레기교 Most Legií 가, 북쪽으로는 슈테파니쿠프교 Štefánikův most 가 자리 잡고 있다. 그 안에서 마음껏 길을 잃어도 괜찮으니, 때론 단체 관광객의 무리에서 벗어나 한 골목, 혹은 두 골목 정도 길을 꺾어보자. 처음 보는 음식점과 카페를 둘러보며 낯선 곳에서 느끼는 여행의 묘미를 만끽할 수 있다.

❸ 카를교

프라하에서 유일한 보행자 다리인 카를교는 언제나 북적이는 곳
이며, 이른 아침의 여명과 늦은 오후의 일몰 사이에 특히 많은
관광객들이 찾는다. 프라하를 방문하는 모든 이들이 한 번은 건
너고, 건널 때마다 언젠가 다시 돌아오기를 소원하는 카를교를
빼놓고는 프라하를 말할 수 없다.

❹ 바츨라프 광장

유럽 연합에서 열네 번째로 큰 도시 프라하는 인구 130만이 살고, 광역권까지 합치면 260만의 인구를 먹여 살리는 대도시다. 그 도시의 중심에 바츨라프 광장이 있다. 신시가지의 긴 대로 광장인 바츨라프 광장은 '프라하의 봄' 역사의 중심지였던 곳으로, 현재는 광장을 중심으로 호텔과 쇼핑센터 등이 들어서고 있다.

❺ 국립박물관

바츨라프 광장에 서면 저 멀리 위쪽으로 체코에서 가장 큰
박물관인 국립박물관이 위용을 드러낸다. 네오르네상스 형
태의 국립박물관 건물은 투명한 창으로 프라하의 높은 하
늘을 담아낸다. 오랫동안 보수 작업을 하며 폐관되었다가,
2018년 말에야 다시 새로운 모습으로 개관했다.

⑥ 국립극장

레기교를 따라 시가지 쪽으로 걷다 보면 멀리서 황
금빛으로 빛나는 국립극장이 눈에 들어온다. 체코
에서 가장 권위 있는 무대이자, 전 국민의 모금으로
건축되어 1881년에 문을 연 국립극장은 오늘도 블
타바강 옆에서 자리를 빛내고 있다.

❼ 페트린 타워

에펠탑과 비슷한 구조의 페트린 타워가 있는 언덕에는 매해 5월이면 수많은 커플이 모인다. 페트린 타워 주변에 흐드러지게 핀 벚꽃 아래에서 입맞춤을 하면 인연이 평생 이어진다는 전설 때문이다. 5월의 입맞춤은 이제 프라하 커플들의 연례행사가 되었다.

❽ 비셰흐라트

역사적 흔적을 간직한 비셰흐라트 성채는 여러 기념일을 추억하는 공간이자 프라하 주민들의 안식처이며 젊은 연인들의 산책 공간이다. 매년 새해가 시작되는 정각에 맞춰 폭죽을 쏘아 올릴 때 그 몽환적인 불꽃놀이를 제대로 감상할 수 있는 곳이 비셰흐라트 성이 있는 언덕이다. 비셰흐라트 언덕은 프라하의 아름다운 전경을 감상하기에도 가장 좋은 장소 중 하나다.

❾ 레트나 공원

낮에는 가족들의 산책 공간이자, 밤에는 젊음의
축제장이 되는 레트나 공원. 너른 공원에 자리한
대형 메트로놈 기념물은 1960년대 초 스탈린상
을 철거한 자리에 1991년에 새운 조형물로 무거
운 역사의 이면을 가리키고 있다. 메트로놈 앞의
높은 담에 오르면 구시청사와 틴 성당, 성 니콜
라스 성당 등 구시가지 풍경이 한눈에 들어온다.

⑩ 댄싱하우스

블타바강변에 위치한 댄싱하우스
는 춤추는 한 쌍의 커플을 모티브
로 지어졌다. 1996년 건축가 블라
도 밀루니취와 프랑크 게리에 의해
건축되었으며, 유명 영화배우 프레
드 아스테어와 진저 로저스의 춤추
는 모습을 담은 건물이라 한다. 건
물 자체의 형태도 매력이지만, 5층
의 글라스 바에서 마시는 와인 한
잔은 프라하에서 잠시 혼자만의 시
간을 즐기기에 부족함이 없다.

Now

Let's go

on a

pleasant trip

City Travel Praha...

도시 여행자의 하루여행

프라하

2019년 10월 30일 초판 1쇄 인쇄
2019년 11월 6일 초판 1쇄 발행

지은이 | 이한규, 안나 고르부시노바
펴낸이 | 이종춘
펴낸곳 | ㈜첨단

주소 | 서울시 마포구 양화로 127 (서교동) 첨단빌딩 5층
전화 | 02-338-9151
팩스 | 02-338-9155
인터넷 홈페이지 | www.goldenowl.co.kr
출판등록 | 2000년 2월 15일 제 2000-000035호

본부장 | 홍종훈
편집 | 상想 company , 이소현
디자인 | 상想 company
교정·교열 | 김경희
일러스트 | ANNA
전략마케팅 | 구본철, 차정욱, 나진호, 이동후, 강호묵
제작 | 김유석
경영지원 | 윤정희, 안서현, 김미애, 박미영, 정유호

ISBN 978-89-6030-537-3 13980

BM 황금부엉이 는 ㈜첨단의 단행본 출판 브랜드입니다.

—

황금부엉이에서 출간하고 싶은 원고가 있으신가요? 생각해보신 책의 제목(가제), 내용에 대한 소개, 간단한 자기
소개, 연락처를 book@goldenowl.co.kr 메일로 보내주세요. 집필하신 원고가 있다면 원고의 일부 또는 전체를
함께 보내주시면 더욱 좋습니다.
책의 집필이 아닌 기획안을 제안해주셔도 좋습니다. 보내주신 분이 저 자신이라는 마음으로 정성을 다해 검토하
겠습니다.

도시 여행자의
하루 여행

프 라 하
Praha

BM 황금부엉이

Prologue

도시의 하루, 프라하

프라하에 머문 지 어느새 3년이 넘었다. 짧은 기간이었지만 여러 번의 계절을 겪었다. 겨울의 프라하는 해가 네 시면 졌고, 전구색 등 아래에서만 따뜻이 반짝였다. 밤이 일찍 찾아오는 겨울이면 꼭 발걸음 하는 공간들이 있었다. 프라하 1구의 관광지 사이에 숨겨진 공간들, 프라하 2구 비노흐라디의 카페들과 프라하 7구 늦은 시각의 펍들. 우리는 한겨울의 추위를 피해 이 공간들로 향했고, 그 한구석에 앉고 나서야 마음이 놓였다. 봄의 프라하에는 꽃이 만발했다. 프라하성 주변 정원들은 4월에 문을 열기 시작했고, 5월이면 평생을 약속하는 연인들이 페트린 공원에 활짝 핀 벚꽃 아래에서 입을 맞췄다.

안나는 프라하에서 20년을 머물렀다. 안나는 몇 년 동안 모델로 활동하면서 알게 되거나 자신이 발걸음 했던 카페, 인테리어 공간, 패션숍 등을 알려주었고, 이내 우리는 그 공간들로 함께 향하곤 했다. 현지인의 시선과 여성의 시선에서 안나가 안내해주는 프라하를 따라가며 내가 몰랐던 공간들을 만났고, 이내 내가 보았던 프라하가 전부가 아님을 알게 되었다. 안나는 특히 무언가를 고르고 선택하는 안목이 높았고, 내가 관광객이 아닌 체코인의 눈을 갖는 데 큰 도움을 주었다. 안나는 카를대학교에서 학업을 진행하면서도 사진 촬영을 도왔고, 이 책에 담아내야 할 공간들에 대한 조언을 아끼지 않았다. 그러므로 이 책은 안나와 함께 쓴 책이다. 안나의 사진들과 나의 글, 나의 사진들과 안나의 이야기가 없었다면 이 책은 완성되지 못했을 것이다.

이 책에는 우리가 특히 사랑하는 공간 50군데를 추렸다. 여행자들이 꼭 해봤으면 하는 체험도 덧붙였다. 프라하는 사실 하루만으로도 가장 유명한 곳들을 훑고 지날 수 있는 도시지만, 삼 년이라는 시간으로도 제대로 바라보기에 부족한 도시였다. 인구 130만의 도시는 관광지들을 오밀조밀하게 품고, 그 관광지들은 수백 년의 역사를 있는 그대로 간직하고 있었다. 젊은이들은 그 오래된 역사 속에서 '힙스터' 문화의 재현을 이뤄냈다. 프라하 구시가지에서 조금만 벗어나도 멋진 카페들과 펍들이 가득하고, 그곳엔 젊음이 생동했다.

프라하는 한 해 이천만 명의 관광객이 찾는 명실상부 관광의 도시며, 동시에 세계화가 이루어지는 현장이다. 사실 이곳에서 현지인과 관광객, 관광객과 외국인 거주자의 공간을 구분하기란 이제 무리가 있다. 그렇기에 이 책에서 소개하는 공간들은 가장 현지인적이지만, 동시에 가장 여행자적이다. 많은 프라하 사람들이 제 삶의 반경에서 찾는 공간들이고, 그와 동시에 많은 여행자가 자신의 마음을 놓아두는 공간들이다. 어둠이 일찍 찾아오는 프라하의 겨울부터 햇볕이 쉬이 물러나지 않는 여름까지 우리는 많은 공간에서 살았고, 이 책은 그곳들의 기록인 셈이다. 그 맥락에서 이 책은 아주 일상적이면서도, 동시에 가장 여행자를 위한 책이 될 것이다.

이 작은 책을 통해 우리의 프라하를 건넨다.
자신만의 프라하를 하루 동안 발견하기를 바라며,

이한규와 안나 고르부시노바

Contents

• 이 책에 사용한 한국어 명칭 표기는 국립국어원 외래어 표기법을 따랐으며, 프리하 공식 여행 포털사이트의 표기를 참고했다. 한국어 표기 일부와 체코어 표기 전체는 체코 현지인 안나의 감수를 받았다.

BOOK 1. 5가지 테마로 현지인처럼 프라하 즐기기
5 THEMES

THEME 1.
HISTORIC & CULTURAL SITES

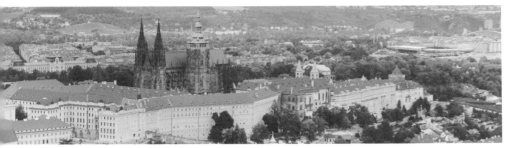

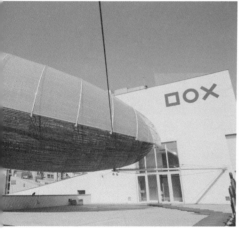

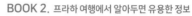

BOOK 2. 프라하 여행에서 알아두면 유용한 정보
Travel Know-how

Hotels

체크 인/미스 소피스 호텔/서 토비스 호스텔/케이 플러스 케이 호텔 센트럴/호텔 로트/비엔나 하우스 안델스 프라하/호텔 그란디움 프라하/호텔 요세프/호텔 리버티/알키미스트 그랜드 호텔 앤 스파

INFORMATION

Know-how

BOOK 1

5가지 테마로 현지인처럼
프라하 즐기기

5

THEMES

THEME 1.

HISTORIC &
CULTURAL SITES

오래된 프라하의 풍경을 거닐다 보면 오롯이 보전된 역사와 문화를 마주
할 수 있다. 가장 일상적인 프라하는 사실 그 기나긴 세월 속에서 빛나는
세련된 낡음이 아닌가 싶다. 프라하의 유구한 역사적·문화적 장소 10곳을
지금 만나보자.

숨겨진 골목들에서 마주하는 예술
구시가지, 무하박물관

프라하를 방문하는 관광객들이 가장 먼저 찾는 곳을 꼽으라면 틴 성당, 성 니
콜라스 성당, 그리고 천문시계의 아름다움을 감상할 수 있는 구시가지일 것이
다. 사실 구시가지의 가장 큰 매력은 얼기설기 펼쳐진 조그만 골목들에 있다.

프라하 구시가지 Staré Město 를 방문한 관광객들이 가는 길은 거
의 정해져 있다. 시민회관에서 시작해 어두운 화약탑 Prašná brána
사이로 발걸음을 떼고, 첼레트나 Celetná 거리의 분주함을 지나면
어느새 커다란 구시가지 광장 Staroměstské náměstí 이 나온다. 다시
구시가지 옆에 있는 정교한 천문시계 Pražský Orloj 와 웅장한 틴 성
당 Kostel Panny Marie Pred Týnem 그리고 그 옆의 성 니콜라스 성당
Kostel Sv. Mikuláše 을 지나, 골목과 골목을 잇는 아치 아래에 난 길
을 헤매다 보면 어느새 카를교 Karlův Most 에 닿게 된다.

01 프라하의 최신식 트램
02 무하박물관 내 풍경
03 틴 성당의 높은 첨탑

프라하 구시가지

구시가지는 프라하 1구 동쪽에 자리 잡고 있다. 프라하 1구는 블타바강을 경계로 동서로 나뉘는데, 서쪽에는 말라 스트라나^{Malá Strana}가, 동쪽에는 구시가지와 유대인 지구 Josefov 그리고 홀레쇼비체 Holešovice, 비노흐라디 Vinohrady 일부가 포함되며, 대부분의 지역이 유네스코 세계문화유산이다. 그중 유대인 지구와 구시가지에는 앞서 말한 구시가지 광장, 천문시계, 카를교 등 관광객 대부분이 발걸음 하는 여행지가 모여 있어 프라하에서 가장 붐비는 지역이다.

그런 구시가지에서도 한 길만 벗어나면 인적 드문 골목이 펼쳐진다. 그 골목, 관광지와 일상의 경계를 걸으며 자신만의 프라하를 만날 수 있다. 국립도서관^{Národní knihovna České republiky}, 프라하 시립도서관^{Městská knihovna v Praze}, 조각가 야로슬라프 로나 ^{Jaroslav Róna} 의 〈카프카 동상^{Kafka monument}〉, 유대교의 회당인 시나고그 ^{Synagoga} 등이 그렇다.

골목에서 벗어나 강 쪽으로 향하다 보면, 탁 트인 풍경에 블타바강이 나타난다. 희미한 성의 자태를 물그림자로 품어낸 강을 물끄러미 바라보는 것도 구시가지를 즐기는 방법 중 하나다. 길을 잃을 것 같으면 두리번거리다 골목 몇 개를 건너뛰어 보자. 어느새 단체로 무리 지어 시민회관이나 카를교로 향하는 관광객들을 만날 수 있을 것이다.

구시가지(Staré Město)
주소 Staré Město 110 00 Prague 1

04 천문시계탑에서 바라본 구시가지 전경
05 무하박물관 외부 모습
06 구시가지 광장
07 바츨라프 광장 초입

08 전시 중인 무하의 책상과 의자
09 무하박물관 기념품 가게
10 박물관 내 기념품 가게 쇼윈도
11 무하박물관 내부 전시실
12 작품을 감상하는 관람객

아르누보 미술의 향연, 무하박물관

중세 문명의 풍경 속에서 빠져나와 예술의 아름다움을 음미하고 싶다면 무하박물관Muchovo muzeum 에서 알폰스 무하Alfons Mucha 의 그림을 감상해보자. 20세기 아르누보 미술의 대가 알폰스 무하는 일러스트레이션과 광고, 장식 패널, 포스터 디자인 등으로 이름을 떨쳤다. 그의 그림들은 오래된 타로카드에서나 볼 수 있을 법한 환상적이고 몽환적인 분위기가 특징이다. 특히 무하의 포스터 작품들은 대부분 배경이 화려하며, 아름다운 여성의 긴 머리카락이 아라베스크 형태로 그림을 가득 채운다. 그 매혹적인 색의 향연 속에서 아르누보의 아름다움에 빠져보자.

무하박물관(Muchovo muzeum)
주소 7, Panská 890, 110 00 Nové Město
이용 시간 매일 10:00~18:00
이용 가격 어른 300 CZK, 어린이/학생/노인(65세 이상) 200 CZK, 가족 관람권(어른 2명+어린이 2명) 750 CZK
웹사이트 www.mucha.cz/kr

11

12

어스름한 저녁 빛 아래
프라하성

01

관광객들이 자리를 비운 프라하성 단지를 홀로 돌아다니다가, 성 한가운데 앉아 물끄러미 바라보는 성 비투스 대성당의 아름다움은 어떤 언어로도 표현할 수 없다. 비가 오는 습한 날에는 대성당 주변으로 흰 안개가 끼는데, 안개에 번지는 조명 빛이 성과 대성당을 더욱 몽환적으로 그려낸다. 그 부드러운 아름다움은 성이 가진 웅장함을 압도한다.

프라하에서 가장 아름다운 세 곳을 꼽으라면 많은 사람들이 프라하성 Pražský hrad과 카를교, 천문시계를 꼽는다. 그 중에서도 가장 아름다운 건축물은 프라하성 단지와 그 중앙에 위치한 성 비투스 대성당 Katedrála Sv. Víta일 것이다. 우리가 흔히 프라하성이라고 부르는 성은 사실 성 단지로, 9세기경에 지어졌으며 현재는 체코 대통령의 공식 집무실로 쓰이고 있다. 과거 프라하성은 보헤미아 왕국, 신성로마제국 그리고 체코슬로바키아 공화국 권력의 정점에 위치했다. 성 비투스 대성당은 보헤미아 왕국과 신성로마제국 왕들의 무덤을 간직한 채 오랜 시간 자신의 자리를 지키고 있다.

프라하성은 가장 거대한 고대의 성으로 기네스북에 등재된 만큼 그 외관에서 웅장함을 느낄 수 있다. 성 비투스 대성당에는 고딕 양식과 르네상스 양식, 그리고 바로크 양식이 천 년의 역사 속에 스며들어 있다. 건축 양식들이 혼재된 까닭은 성당이 한 번에 지어진 게 아니라 오랜 시간에 걸쳐 건축되었기 때문이다. 성당은 밖으로는 유려한 외관을 뽐내고, 안으로는 오래된 스테인드글라스를 통해 총천연색의 빛깔을 드리운다. 스테인드글라스 각각에 담긴 역사를 음미해보는 것도 성당을 경험하는 방법 중 하나일 것이다.

01 늦은 저녁의 한가로운 성 비투스 대성당
02 프라하성 단지 내부 모습
03 성 단지 너머로 보이는 프라하 전경
04 프라하성으로 올라가는 길

프라하성과 성 비투스 대성당은 프라하를 찾는 관광객의 필수 방문지인 데다가, 정보도 쉽게 찾을 수 있어 아주 특별한 관광지라고 말하긴 어렵다. 하지만 많은 사람들이 이곳을 찾고도 그 참모습을 제대로 못 보고 지나치곤 한다. 관광객들이 주로 찾아오는 오전과 오후의 시간에는 볼 수 없는, 가장 한가롭고 평화로운 성의 본모습을 말이다.

프라하성이 가장 아름다운 시간은 해가 진 직후부터 한 시간 정도다. 해가 늦게 지는 여름에는 오후 열 시까지, 해가 네 시면 자취를 감추는 겨울에는 오후 다섯 시까지 그 아름다움을 감상할 수 있다. 프라하의 동쪽, 블타바강 건너편에서 뜬 해는 프라하성 뒤로 자취를 감추는데, 성 근처의 전망 좋은 곳에 앉아 지는 해를 등지고 바라보는 도시는 또 다른 매력을 드러낸다.

분홍빛 노을은 하늘색과 파란색, 그리고 남색의 하늘에 천천히 자리를 내주고 물밀듯이 솟아 나오던 관광객들은 도시의 낮은 풍경으로 자취를 감춘다. 본격적으로 밤이 시작되기 전의 하늘은 옅은 군청색을 띠고, 아래에서는 조명이 성을 밝게 비춘다. 군청색과 주황색 조명빛의 조화가 가장 아름다운 곳이 바로 프라하성, 그리고 성 비투스 대성당이다. 밤이 더 깊어지면 군청의 하늘은 물러가고 그 자리를 검은 어둠이 꿰차는데, 그 아래에서 조명으로 빛나는 성의 조용한 길을 걷는 것도 좋다. 해가 진 뒤, 프라하성에 들러 도시를 온전하게 음미해보자.

05 프라하성 단지 내부 모습
06 말라 스트라나로 가는 내리막길
07 내리막길 너머로 보이는 프라하 시가지

프라하성(Pražský hrad)
주소 Hradčany, 119 08 Praha 1
이용 시간
여름(4월 1일~10월 31일)
프라하성 단지: 06:00~22:00, 역사적 건축물: 09:00~17:00
겨울(11월 1일~3월 31일)
프라하성 단지: 06:00~22:00, 역사적 건축물: 09:00~16:00
이용 가격 성 단지 입장 무료(건축물 내부는 요금 상이, 홈페이지 참조)
웹사이트 www.hrad.cz/kr/prague-castle-for-visitors

당신의 정원들

왕립 정원, 성벽 정원, 발렌슈타인 정원

프라하의 문명은 자연과 공존한다. 낡은 성곽과 오래된 궁전 옆으로 풀이 우거지고, 봄이면 잡초 사이에서 꽃이 만발한다. 성은 자신이 품은 정원을 사람들에게 내어주고, 관광객들은 처연한 역사의 장소에서 싱그럽게 피어난 새싹에 위안을 얻는다. 프라하에서 사랑하는 정원 하나 정도는 만들고 가자. 그래야 온전히 프라하를 여행했다고 할 수 있겠다. 정원들은 종종 리모델링을 위해 한시적으로 폐쇄하기도 하니, 미리 개방 여부를 확인하고 방문하기를 추천한다.

4월부터 10월 사이의 프라하는 참 아름답다. 봄이 되면 꽃이 만발하고, 만개한 꽃 아래 연인들이 입을 맞추며, 공간들은 기지개를 편다. 겨우내 문을 닫았던 테라스의 먼지가 걷히고, 사람들이 길거리에 앉아 봄 햇살을 만끽한다. 여름의 카페들은 문을 활짝 열고 길가에 테이블을 세우며, 비어가든은 사람들에게 시원한 맥주를 내온다. 가을의 초입에 프라하는 가장 낭만적이다. 도시의 나무들은 석양을 머금은 듯 붉게 물들고, 사람들은 다가오는 겨울을 준비한다. 노천카페들은 크리스마스 마켓을 기다리며 하나둘 문을 닫고, 해는 프라하 성 왼쪽으로 떨어진다. 이 계절들의 풍경은 프라하의 정원들에서 보면 더욱 선명하다. 봄, 여름 그리고 가을이 완연하게 다른 프라하의 정원에 당신을 초대한다.

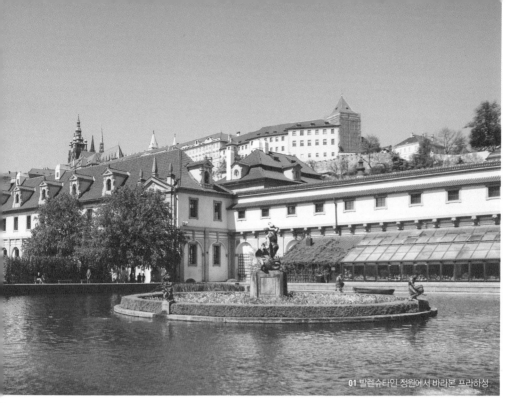

01 발렌슈타인 정원에서 바라본 프라하성

02 발렌슈타인 정원 내부

03 정원의 분수대와 함께 보이는 안나 왕비의 여름 궁전
04 안나 왕비 여름 궁전의 모습
05 왕립 정원에 펼쳐진 가로수와 벤치
06 왕립 정원 너머로 보이는 프라하 시가지

왕립 정원

프라하에서 가장 유명한 여행지인 프라하성 옆에는 왕립 정원^{Královská zahrada} 이 있다.
왕립 정원은 프라하성에서 길을 건너면 마주할 수 있는데, 관광객들은 성의 웅장함에
사로잡혀 정원을 지나쳐버리곤 한다. 프라하성 입구에서 짐 검사를 받고 왼쪽으로 방
향을 꺾어보자. 높은 나무들이 일렬로 만들어낸 그늘 속에 왕립 정원이 제 모습을 드
러낼 것이다.

왕립 정원은 프라하성의 정원 중 가장 역사적 가치가 높은 곳으로, 1534년 합스부르
크 왕가의 페르디난데 1세가 이탈리아식 정원으로 조성한 곳이다. 현재 19세기 영국
식으로 개조되었는데, 빽빽이 들어선 큰 키의 가로수들을 지나면 1500년대 중반에 건
설된 안나 왕비의 여름 궁전이 나온다. 왕립 정원에서는 또한 프라하 1구의 거리가 한
눈에 들어온다. 블타바강이 가까이 보이고, 그 너머로 오래된 시가지와 언덕들이 하
나둘 보인다.

왕립 정원(Královská zahrada)
주소 Pražský hrad, Hradčany, 119 08 Praha 1
이용 시간 4월 1일~10월 31일 매일: 10:00~18:00

성벽 정원

사시사철 진중한 고요를 간직한 왕립 정원을 지나면 프라하성 단지가 펼쳐진다. 프라하성의 가장 웅장한 건축물인 성 비투스 대성당을 왼쪽으로 끼고 돌아가면 다시 커다란 광장이 나타난다. 광장의 끝에서 오른쪽으로 난 철제문을 넘으면 조그만 계단이 나오는데, 계단을 걸어 내려가면 새로운 프라하가 펼쳐진다. 마치 이상한 나라의 앨리스 세상처럼, 문득 펼쳐지는 프라하의 전경은 모두의 시선을 사로잡을 만하다.

천천히 계단을 내려가다 보면 왕립 정원에서 펼쳐졌던 프라하가 가까이 다가온다. 바로 프라하성 남쪽의 성벽 정원 Zahrada Na valech 이다. 성벽 정원은 프라하성을 뒤로 한 채 프라하 1구 시내를 정면에 두고 있다. 조금은 숨겨진 위치에 있어 사람들의 발걸음이 뜸한데, 난간에서 프라하 시내를 가만히 내려다보면 도시를 다 가진 것 같은 기분이 든다. 그곳에 앉아 프라하가 정말 백 탑의 도시가 맞는지 천천히 헤아려보자.

성벽 정원(Zahrada Na valech)
주소 Malá Strana, 119 00 Praha 1
이용 시간 여름(4월 1일~10월 31일): 월요일~금요일
07:30~18:00, 주말 10:00~18:00

07 성벽 정원에 흐드러진 꽃나무
08 성벽 정원의 내부
09 한가한 성벽 정원 풍경
10 성벽 정원 계단에서 노니는 공작

발렌슈타인 정원

성벽 정원을 한 바퀴 돌고 천천히 내려오다 보면 '작은 지역'이라는 뜻의 말라 스트라나에 들어서게 된다. 말라 스트라나는 그 자체로도 매력적인 곳인데, 협소하지만 정원과 섬 그리고 공원으로 둘러싸여 있기 때문이다.

프라하성에서 내려와 말라 스트라나에서 처음 마주하는 정원은 발렌슈타인 정원Valdštejnská zahrada 이다. 말로스트란스카Malostranská 지하철역 바로 뒤에 자리 잡은 이 정원은 기하학적으로 디자인된 바로크 형식의 정원으로, 1620년대 발렌슈타인 궁전Valdštejnský palác 과 평행으로 있다. 중앙에 커다란 연못과 분수를 품은 발렌슈타인 정원에는 공작 여러 마리가 뛰어놀고, 봄에는 아기 새들이 무리 지어 지난다. 저 멀리 보이는 성 비투스 대성당을 감상하는 것도 좋다.

11 잘 조경된 정원 내부를 걷는 관람객들
12 발렌슈타인 궁전과 넓은 정원 풍경
13 발렌슈타인 궁전과 연못
14 연못 너머로 보이는 프라하성
15 발렌슈타인 궁전의 화려한 건축물 모습

발렌슈타인 정원(Valdštejnská zahrada)
주소 Letenská 123/4, 118 00 Malá Strana
이용 시간
4월~5월 평일: 07:30~18:00, 주말: 10:00~18:00
6월~9월 평일: 07:30~19:00, 주말: 10:00~19:00
10월 평일: 07:30~18:00, 주말: 10:00~18:00

01 스트르젤레츠키섬의 한적한 풍경

온전한 외로움

스트르젤레츠키섬

카를교에서 단 10분 거리에 있는 스트르젤레츠키섬에서 더 낭만적인 프라하를 즐길 수 있다. 한적한 곳에 앉아 프라하를 눈여겨보고 싶거나, 번잡한 프라하의 골목에서 벗어나 온전히 혼자만의 시간을 즐기고 싶은 이들에게 이 섬을 권한다.

프라하에서 가장 아름다운 자연 풍경은 푸른 녹음보다 그 녹음을 지탱해주는 수원, 바로 블타바강Vltava일 것이다. 블타바강은 체코에서 가장 긴 강으로, 보헤미아 숲의 동남쪽에 위치한 체스키 크룸로프 Český Krumlov를 통과해 프라하로 들어선다. '보헤미아의 바다'라고도 불리는 블타바강은 체코의 보물이라 할 수 있겠다. 그 강이 프라하를 지나는 길목에 몇 개의 섬을 만들어내는데, 그중 사람들이 가장 많이 찾는 곳이 바로 스트르젤레츠키섬 Střelecký ostrov이다. 스트르젤레츠키섬은 카를교의 남쪽에 위치한 레기교에 걸쳐 있다. 원숙한 숲을 품은 섬 자체도 아름답지만, 그곳에서 바라보는 카를교와 프라하성 전경은 프라하에서 가장 낭만적인 풍경 중 하나다.

02 섬에서 보이는 시가지 풍경

스트르젤레츠키섬 남쪽에는 카페 겸 식당인 로사 로이 Rossa Roy 와 스포츠 센터가 위치해 있고, 북쪽으로는 공원이 형성되어 있다. 프라하 주민들은 이 섬에서 열리는 공연과 축제를 즐겨 찾는데, 음식 축제 Pražský piknik 를 비롯해 이탈리아 스파클링 와인인 프로세코 축제 Slavnosti Prosecca & Food festival 등 다양한 행사가 열린다. 프라하성이 보이는 강변에 앉아 와인을 홀짝이는 것보다 더 즐거운 일이 있을까. 축제 분위기에 흠뻑 젖은 섬도 매력적이지만, 사실 축제가 열리지 않는 날의 섬은 더욱 아름답다. 섬은 도시 중심에 있음에도 불구하고 그 지리적 위치 때문에 사람들이 쉽게 지나치곤 하는데, 그래서인지 인파로 가득 들어차는 한낮의 프라하에서도 스트르젤레츠키섬은 온전히 조용하다.

어느 때 발걸음을 옮기든 섬은 외롭게 카를교와 프라하성을 바라본다. 섬 북쪽 잔디밭에 앉거나 누워서 바라보는 강과 다리, 그리고 성의 풍경은 한 폭의 그림 같다. 그 그림을 마주한 채 관광객으로 빽빽이 들어찬 카를교를 바라보고 있노라면, 바쁜 일상 속에서 느끼지 못했던 모든 여유를 한 번에 만끽하는 것만 같은 기분이 든다. 더 상류에 있는 슬로반스키섬 Slovanský ostrov 에서 오리배를 타고 내려오는 관광객들과 마주칠 때면 가볍게 손을 흔들어주자.

최근 섬의 동쪽에 폰-톤Pon-Tón이라는 음식점이 문을 열었다. 조그만 배에 떠 있는 이 음식점에 들어가면 다양한 음식과 함께 맥주를 즐길 수 있다. 배 끝에 있는 해먹에 누워서 지는 해를 바라보며 마시는 맥주는 참 맛있다. 섬 중앙에는 코코반Cocovan 카페가 2018년 여름에 문을 열었는데, 카를교 근처에 위치한 카페 코코반카와 함께 운영되는 곳이다. '여행하는 푸드트럭'이라는 뜻을 지닌 이 카페는 조그만 밴 한 대와 천막, 개성적인 의자들로 구성되어 있는데, 약간 히피스럽지만 동시에 낭만적인 경험을 선사한다. 폰-톤이나 코코반에서 맥주나 커피, 혹은 아이스크림을 사 들고 섬을 거닐어보자. 아름드리나무 그늘 밑에 앉아 강 건너의 풍경을 바라보고 있으면 한여름의 더위가 무색해질 것이다.

03 섬에 걸쳐 있는 레기교
04 선상 음식점 폰-톤
05 렌탈 보트를 타는 관광객들
06 레기교 위에서 내려다본 폰-톤

스트르젤레츠키섬(Střelecký ostrov)
주소 Střelecký ostrov 110 00 Prague 1

일상의 여유로움
레트나 공원

01 레트나에서 보는 야경과 TV타워

02 여름날의 한적한 레트나 공원

프라하의 역사가 담긴 거리를 오랫동안 거닐다, 문득 현지인들의 일상을 접하고 싶을 땐 레트나 공원으로 향하자. 관광지의 복작복작함과는 다른 느낌의 북적이는 일상 속에서 색다른 여유로움을 느낄 수 있을 것이다.

레트나 공원Letenská pláň이 위치한 한낮의 프라하 7구에는 산책 나온 가족들, 야외 테이블에 앉아 커피를 마시며 책을 읽는 이들, 친구들과 즐겁게 대화를 나누는 사람들로 가득하다. 하지만 밤이 찾아오면 야외 바, 스탈린Stalin 과 크로스 클럽Cross Club 을 품은 프라하 7구는 어딘지 모르게 다른 분위기를 풍기고, 속칭 힙스터Hipster 들에게 그 자리를 내준다.

레트나 공원은 그 변화의 중심에 있다. 낮이면 공원에는 유모차를 끌고 온 부모들, 선생님 손을 잡고 일렬로 줄을 선 유치원생들, 심심풀이 체스를 두러 온 할아버지들이 곳곳에 자리를 잡는다. 또 담요나 돗자리를 펴고 앉아 도시락을 먹는 직장인들, 한가롭게 공원을 거니는 관광객들도 흔히 볼 수 있다. 하지만 해가 지는 순간부터 레트나 공원의 풍경은 달라진다. 공원 동쪽의 비어가든Letná Zahradní restaurace 엔 체코 소시지Klobása 를 안주 삼아 맥주를 즐기려는 젊은이들이 몰려오고, 공원 중앙의 메트로놈Pražský metronom 아래에는 스탈린 야외 바가 열려 스케이트보더들과 맥주를 마시려는 이들이 자리를 메운다. 바야흐로 '스탈린의 밤'이다.

레트나 공원은 프라하를 옆으로 끼고 도는 블타바강 왼편에 위치한, 프라하 7구에서 두 번째로 큰 공원이다. 공원은 높은 고도에 위치한 덕분에 프라하성, 구시가지, 페트린 언덕 Vrch Petřin 등 프라하 전경을 두루 살필 수 있는 전망을 선사한다.

레트나 공원은 1955년, 공원 정중앙에 거대한 스탈린 동상이 세워지면서 크게 알려졌다. 동상이 1962년에 제거되고 메트로놈으로 교체되면서 그 공간에는 야외 바 스탈린이 운영되고 있다. 레트나 공원은 1989년 벨벳혁명 Sametová revoluce 당시 공산주의 정권에 대항한 시위의 중심지였고, 2019년 늦봄에 일어난 부패 총리 바비스 규탄 시위를 위해 25만 명이 집결한 장소이기도 하다.

격변의 역사를 품은 레트나 공원에선 프라하 도심을 굽어볼 수 있는데, 그 덕분에 낮이든 밤이든 사람들은 프라하 전경을 보러 공원을 찾는다. 프라하 시내가 보이는 쪽은 공원의 남쪽 부근이며, 그 밖에 공원 서쪽의 카페 하나브스키 파빌리온 Hanavský Pavilon 과, 공원 중앙의 레트나 프로필 Letenský profil, 그리고 동쪽의 비어가든에서도 아름다운 공원의 풍광을 볼 수 있다. 봄의 녹음과 여름의 만발한 꽃 사이로 프라하의 일상 두 눈에 담아보자.

03 레트나 공원의 음식점
04 공원에서 시가지를 내다보며 쉬고 있는 사람들의 모습
05 스탈린 석조상이 있던 곳에 자리 잡은 메트로놈
06 레트나 공원에서 바라본 프라하 야경

레트나 공원(Letenská plán)
주소 Letná, 170 00 Prague 7

05

06

프라하 사람들이 가장 사랑하는 성

비셰흐라트

블타바강의 암반 위에서 바라보는 프라하의 풍광은 특별하다. 프라하 시민들이 가장 사랑하는 성, 비셰흐라트가 보이기 때문이다.

01 비셰흐라트에서 내려다본 블타바강
02 비셰흐라트 초입에 있는 11세기에 건설된 예배당 성 마르틴 오툰다

전설에 따르면 비셰흐라트 Vyšehrad 의 역사는 9세기로 거슬러 올라간다. 852년경, 이 언덕 위에 보헤미아의 부족 국가가 기초를 다졌지만 점차 권력의 중심이 블타바강 건너편으로 옮겨갔고, 언덕은 권력에서 멀어져갔다는 것이다. 하지만 실제로 비셰흐라트는 프라하성보다 늦은 10세기 중반에 건축되었다. 비셰흐라트는 브라티슬라프 2세 Vratislav II 시절 역사의 정점에 오른 이후, 버려졌다가 복원되고 요새화되었다가 방치되기를 반복하면서 카를 4세 Charles IV 때에야 새로운 두 개의 성문과 왕궁이 지어졌다. 물론 그 이후에도 비셰흐라트는 프라하성의 영광에 가려 종종 관심에서 멀어졌다.

03 비셰흐라트 공동묘지
04 벽 너머로 보이는 성 베드로와 바오로 성당
05 비셰흐라트 내부
06 성 베드로와 바오로 성당
07 비셰흐라트 입구에 있는
레오폴드 문

이렇듯 프라하 정복자들의 영광이 되거나, 동시에 그 영광에 가려 잊혀지기도 했던 비셰흐라트는 현재 중세 고딕과 네오고딕 그리고 로마네스크 양식을 간직한 관광지이자, 프라하 주민들의 사랑을 한몸에 받는 공원이 되었다. 비셰흐라트는 프라하성에서 동남쪽으로 약 3킬로미터 떨어져 있으며 블타바강을 사이에 두고 두 성은 대각선 형태로 서로를 마주 보고 있다. 비셰흐라트에는 11세기에 지어진 바실리카 성 베드로와 바오로 성당 Bazilika Sv. Petra a Pavla 이 중앙에 위치해 있는데, 프라하 어디서든 프라하성의 성 비투스 대성당이 보이듯, 마찬가지로 비셰흐라트의 바실카라 성 베드로와 바오로 성당의 뾰족한 고딕형 타워를 프라하 어디서든 찾아낼 수 있다.

관광지에서 사는 삶이 그러하듯이 프라하 사람들도 관광객의 발걸음이 붐비는 중심지를 최대한 피해 가는 편이다. 한낮의 구시가지와 카를교, 프라하성에는 언제나 줄지어 다니는 단체 관광객과 갑자기 걸음을 멈추고 셀피를 찍는 사람들로 가득하다. 프라하 사람들은 관광객들과의 불편한 동거를 피하고자 골목 깊숙이 숨겨진 카페나 펍, 한적한 강변의 벤치, 높은 언덕 위에 숨겨진 나무 그늘을 찾아 나선다. 비셰흐라트는 그런 의미에서 프라하 사람들에게 가장 완벽한 공간이다.

비세흐라트로 가는 방법으로는 비톤^{Výtoň} 트램역에서 내려 경치를 보며 올라가거나 오스트르칠로보 광장 ^{Ostrčilovo náměstí} 트램역 근처의 완만한 경사로 진입하는 방법, 혹은 지하철 C선 비세흐라트역에서 내려 평지를 따라 진입하는 방법이 있다. 어디로 비세흐라트에 가든 돌아갈 때는 비톤 트램역으로 향하는 언덕길을 천천히 내려가기를 권한다. 성곽을 따라 북쪽으로 걸으면서 프라하성을 보거나, '자살 다리'로 악명 높은 누셀스키 다리 ^{Nuselský most} 아래 펼쳐진 붉은 지붕들을 감상하는 것도 비세흐라트를 즐기는 방법 중 하나다.

비셰흐라트(Vyšehrad)
주소 V Pevnosti 159/5b, 128 00 Praha 2-Vyšehrad

일몰을 부탁해
리에그로비 숲

01 한가로운 여름날의 리에그로비

블타바강에 비친 석양을 바라보며 맥주를 마실 수 있는 나플라브카, 좀 더 높은 곳에서 강과 그 너머의 프라하성을 음미할 수 있는 비셰흐라트, 일몰의 잔상을 눈에 담을 수 있는 레트나 공원, 석양빛으로 물드는 도시를 음미할 수 있는 스트라호프 수도원 등 프라하의 일몰을 볼 수 있는 곳은 많지만, 그중 가장 아름다운 곳은 리에그로비 숲이다.

프라하는 일몰이 참 예쁜 도시다. 해가 프라하성 너머로 넘어가면 도시 하늘은 군청색으로 물드는데, 그 하늘의 끝자락을 붙드는 주황색 구름이 몽환적인 풍경을 선사한다. 봄의 해는 프라하성 오른쪽으로 저물고, 날이 갈수록 그 위치를 왼쪽으로 옮겨간다. 멀찍이서 프라하성 너머로 지는 해를 바라보고 있으면 십오 분마다 그 위로 뜨고 내리는 비행기의 궤적을 볼 수 있는데, 그 궤적 너머로 해도 천천히 소실점을 향해 명멸해간다. 이런 아름다운 일몰을 제대로 볼 수 있는 곳이 프라하 2구 언덕에 자리 잡은 리에그로비 숲Riegrovy sady이다.

리에그로비 숲은 비노흐라디 지역에 있으며 현대적 공원과 언덕, 두 개의 맥주 펍, 테니스 코트와 체육시설 등으로 이루어져 있다. 리에그로비 숲은 1904년에 문을 연 이래로 백 년이 넘는 세월 동안 도시에 작은 숲을 제공하고 있다. 숲을 가득 채운 나무들과 탁 트인 잔디밭에 오르면 일상적인 프라하가 펼쳐진다. 마로니에의 상쾌한 그늘 속에 위치한 식당들, 언덕에서 나무 너머로 보이는 프라하 구시가지와 카를교, 그리고 프라하성을 멀찍이서 조망할 수 있다. 하늘이 붉게 물드는 일몰이 가까워지면 주민들과 관광객들이 하나둘 언덕에 자리를 잡는다. 그들의 손에 들린 와인과 맥주의 찰랑거림에 저무는 태양빛이 반짝이며 담긴다.

리에그로비 숲이 있는 비노흐라디는 '왕립 포도원'이라는 의미로, 14세기 무렵부터 포도밭과 와인 양조장들이 자리 잡아 그 이름을 얻었다. 비노흐라디는 프라하 7구의 홀레쇼비체와 더불어, 최근 외국인 거주자들에게 가장 인기 있는 지역이다. 시가지에서 그리 멀지 않으면서도 공원과 숲, 카페와 펍들이 모여 있어 문화적 여유를 즐길 수 있기 때문이다. 적당한 가격의 숙소와 울창한 숲, 한 골목만 건너면 나오는 브런치 카페와 밤늦게까지 영업하는 힙한 펍들. 비노흐라디와 홀레쇼비체는 그 모든 것을 갖춘 주거 공간이며, 그 한가운데 리에그로비 숲과 레트나 공원을 품은 도심 속 자연이기도 하다.

리에그로비 숲을 즐기는 방법으로는 여러 가지가 있는데, 보통은 맥주 펍에서 필스너 우르켈 생맥주를 내려 마시거나, 체코의 편의점 포트라비니 Potraviny 에서 캔맥주나 와인을 사 와서 언덕에 앉아 일몰을 바라보며 마신다. 리에그로비 숲 근처에는 몇 개의 와인 가게도 있어, 저렴한 비용으로 1리터 페트병을 훌륭한 모라비아산 와인으로 가득 채울 수 있다. 사람들은 해 질 녘 즈음에 언덕에 모이기 시작해, 해가 지고 도시가 조명으로 물들 때까지 자리를 지킨다. 시간이 늦어지면 숲속의 비어가든에 가거나 근처 펍으로 자리를 옮기는 것도 한 방법이다. 프라하에서 가장 아름다운 일몰을 볼 수 있는 리에그로비 숲. 오늘은 리에그로비에 프라하의 일몰을 부탁해보자.

리에그로비 숲(Riegrovy sady)
주소 Vinohrady, 120 00 Praha 2

02 리에그로비 숲에서 보이는 프라하성
03, 05 늦은 오후의 햇살을 즐기는 사람들
04 리에그로비 숲에서 본 일몰

04

05

홀로 미술을 감상하는 시간
프라하 국립미술관 벨레트리즈니 궁전

한적한 미술관에 전시된 모네 작품 앞에 서서 누구의 방해도 없이 그림을 감상하는 시간. 그것만으로도 프라하 국립미술관 벨레트리즈니 궁전에 방문할 가치가 있지 않을까. 해가 일찍 지는 겨울이면 추위를 피해 미술관으로 향하자. 그렇게 가만히, 미술 작품들에 위로를 받아보자.

01 프라하 국립미술관 벨레트리즈니
궁전 내 전시장이 한눈에 보이는 모습
02, 03 프라하 국립미술관 벨레트리
즈니 궁전 전시실 전경

여행지에서 한가로운 시간을 보내는 여러 가지 방법 중, 가장 호사스러운 것이 바로 미술관
전세 내기가 아닐까. 많은 관광객이 찾는 파리의 루브르, 런던의 테이트 모던, 빈의 벨베데레
와 다르게, 프라하 국립미술관은 일상의 한 뼘 옆에서 한가로운 분위기를 선사한다. 프라하
국립미술관Národní galerie v Praze 의 역사는 18세기 후반에 시작되어 체코의 역사와 함께 부침을
겪었지만, 여전히 프라하 중심에서 그리 멀지 않은 자리에 머물며 그 공간을 빛내고 있다.
프라하 국립미술관은 벨레트리즈니 궁전, 골츠킨스키 궁전 등 10개의 건물에서 다양한 전시
를 진행하는데, 그중 가장 큰 전시관이 벨레트리즈니 궁전이다.

프라하 7구의 벨레트리즈니 궁전은 현대 미술을 중점적으로 다루는데, 관광지와 어느 정도 떨어져 있다 보니 항상 한가롭다. 관광객 대부분이 카를교와 프라하성이 있는 프라하 1구만을 찾는 이유도 있지만, 애초에 다른 유명 미술관들처럼 많은 컬렉션을 보유하지 않은 까닭이다. 어쩌면 그래서, 프라하 국립미술관 벨레트리즈니 궁전은 특별하다. 6층의 전시실을 천천히 둘러보는 동안 다른 관람객을 마주칠 일이 거의 없고, 그 혼자만의 시간 속에서 피카소, 모네, 렘브란트, 에곤 실레, 그리고 체코의 국민 화가인 알폰스 무하와 프란티셰크 쿠프카Frantisek Kupka 의 작품들을 둘러볼 수 있다.

미술관 2층과 3층에는 상설전시가 열리는데, 2층엔 1930년대부터 현재까지의 체코 현대 미술 작품들이 전시되고, 3층에는 체코슬로바키아 제1공화국 시기1918~1938 의 작품들이 진열되어 있다. 2층 전시 작품들은 비교적 최근의 것들이라 대부분이 낯설고 현대적이지만, 그 나름대로 체코 역사의 부침을 관통하고 있다. 3층에는 공화국 초기의 희망과 열망이 묻어나는 작품들이 대다수이며, 미술 중심지로서의 프라하를 넘어 유럽의 교두보 역할을 하는 프라하를 담아낸다.

04 프란티셰크 쿠프카의 작품을 바라보는 관람객
05 작품을 관람하는 안나
06 붉은 전시실이 인상적인 프라하 국립미술관 벨레트리즈니 궁전
작품 전시실
07 프라하 국립미술관 10개 중 또 다른 미술관인 골츠킨스키 궁전 외관

단조로운 유리창으로 층별을 구분한 국립미술관 벨레트리즈니 궁전의 건물은 1928년에 지어졌다고 한다. 당시에는 여러 기업의 건물로 사용되었으며, 나치 독일에 점유되어 유대인들의 집합지로 쓰이기도 했다. 건물은 1974년에 커다란 화재에 휩싸였고, 1976년에야 국립미술관이 입주하면서 대대적인 재건축에 들어갔다. 1990년대에 완공된 건물은 소련식의 정말 멋없는 모양새를 하고 있다. 이처럼 프라하는 미술관 건물을 통해서도 공화국의 영광과 소련 치하의 고난을 동시에 엿볼 수 있는 도시다. 잠시 번잡한 프라하 시내에서 벗어나 아름다운 미술 작품에 시선을 빼앗겨보자.

프라하 국립미술관 벨레트리즈니 궁전
(Národní galerie v Praze, Veletržní palác)
주소 Dukelských Hrdinů 47, 170 00 Praha 7-Holešovice
이용 시간 화요일 10:00~18:00, 수요일 10:00~20:00, 목요일~일요일 10:00~18:00
이용 가격 220 CZK
웹사이트 www.ngprague.cz

01 디보카 사르카의 겨울 풍경

02 디보카 사르카에서 바라본 전경

도심 속 넓은 자연
디보카 사르카

겨울의 프라하는 항상 우울하지만 이곳에서만큼은 그 우울함이 힘을 발휘하지 못한다. 프라하의 멜랑콜리에 사로잡혀 이 도시를 배회하곤 하는 이들에게 디보카 사르카를 건네고 싶다.

트램은 프라하 시민들과 관광객들에게 유용한 교통수단이면서 동시에 느린 시선으로 도시를 경험할 수 있는 최고의 여행 수단이기도 하다. 아름답지만 복작복작한 시내에서 벗어나 너른 하늘을 보고 싶을 땐 트램 26번이 제격인데, 26번 트램의 서쪽 종점에 디보카 사르카 Divoká Šárka가 있는 까닭이다. 디보카 사르카는 프라하 북서쪽의 자연보호구역으로, 울창한 숲과 너른 호수 그리고 높은 구릉이 함께 존재한다. 프라하 시민들은 여름이면 맥주를 든 채 디보카 사르카에 있는 야외 수영장의 차디찬 물에 발을 담그곤 한다. 도심에서 한 시간 거리에 펼쳐진 울창한 이 자연은 매일 반복되는 도시의 삶을 지탱케 해주는 안식처 역할을 하고 있다.

26번 트램 종점에 내리면 눈앞에 떡하니 맥도날드가 보이고, 그 옆으로 높은 구릉 두어 개가 깎아지른 듯한 절벽을 드러낸 채 두 눈을 사로잡는다. 손에 잡힐 듯 가까워 보이는 구릉으로 가는 길은 사실 그리 쉽지 않다. 디보카 사르카는 약 25헥타르로 축구장 35개 크기이니 말이다. 맥도날드 옆으로 조그만 언덕을 내려가면 커다란 호수가 있는데, 호숫가를 걸어 절벽으로 둘러싸인 언덕을 올라야 구릉에 다다를 수 있다. 구릉 위에 서면 탁 트인 하늘이 먼저 보이고, 그 아래로 프라하의 교외가 펼쳐진다.

03 디보카 사르카 입구 초입에 있는 맥도날드
04 디보카 사르카 암벽 위에서 바라본 시가지
05 호수 너머로 보이는 코자크 바위(Kozákova skála)
06 디보카 사르카의 호숫가

디보카 사르카는 암벽으로 둘러싸인 구릉을 중앙에 두고 너른 숲을 형성하고 있다. 숲에는 조그만 산책길이 있는데, 이 길로 공원을 탐방하거나 인접한 여러 교외 마을로 통할 수도 있다. 구릉 옆에는 커다란 호수가 있어 낚시꾼들이 진을 치곤 하니 그보다 숲 안쪽의 오솔길이 한적해서 걷기 좋다. 구릉에 오르면 넓은 공원을 전체적으로 조망할 수 있다. 남쪽에는 맥도날드와 그 너머 시가지가 보이고, 서쪽으로는 울창한 숲 사이에 위치한 수영장과 그 숲 경계선 너머로 너른 유채꽃밭이 펼쳐져 있다. 북쪽엔 다른 구릉들과 절벽이 자리 잡고 있는데, 그 사이사이로 길이 나 있어 암벽 등반을 하는 이들과 하이킹을 좋아하는 이들의 발길을 끈다. 동쪽으론 호수가 펼쳐져 있어서 호수 주변을 산책하는 사람들을 보는 재미도 쏠쏠하다.

디보카 사르카는 계절마다 색깔이 다르다. 눈이 내리는 겨울에는 공원 자체가 하얀 눈 속에 파묻히고, 봄이면 꽃이 만발해진다. 녹음이 도시를 잠식하기 직전, 봄은 디보카 사르카에 먼저 도달한다. 넓은 구릉은 연한 녹색의 잔디로 넘실대고, 겨우내 잠들었던 숲은 다시 생기를 되찾는다. 여름의 초입에 숲속 수영장은 개장 준비를 시작한다. 쨍한 햇살이 내리쬘 때 사람들은 숲의 그늘에서 상쾌한 바람을 맞이하고, 도시에 잠시 두고 온 근심들을 씻어낸다. 가을이면 언덕의 녹음은 색채를 잃고 황금빛 갈대에 자리를 내준다. 겨울에는 하얀 눈이 디보카 사르카를 덮고 순백의 숲은 도시의 잿빛 풍경과 대조를 이룬다. 트램 26번을 타고 닿을 수 있는 곳, 넓은 하늘과 언덕이 펼쳐져 있는 디보카 사르카에 발걸음 해보자.

05

06

 디보카 사르카(Divoká Šárka)
주소 Divoká Šárka, 161 00 Praha 6

한낮의 카페에서 마시는 와인
루체르나

비밀 통로 속 특별한 공간. 영화를 보기 전, 카페 루체르나에 앉아 와인 한 잔을 마셔보는 건 어떨까. 오늘은 어쩐지 영화가 더욱 재밌을 것 같다.

01 루체르나 극장 입구
02 루체르나 카페에서 보이는 데이비드 체르니의 〈말〉 조각상

얽히고설킨 골목을 벗어나 낯선 풍경으로 발을 떼기란 그리 쉬운 일이 아니다. 자칫 길을 잃을 수도 있을뿐더러, 그 속이 음침한 어둠에 싸여 있으면 더욱 발걸음 하기 망설여진다. 구시가지 일대의 건물들은 대개 서로 붙어 있어서, 종종 건물을 통과해야 더 쉽게 목적지에 도달할 수 있다. 공간과 공간 사이를 잇는 건물의 통로는 보통 숨겨져 있는데, 가장 아름다운 두 곳이 바츨라프 광장Václavské náměstí 과 연결되어 있다. 하나는 스베토조르 극장Kino Světozor 과 프란티슈칸스카 정원Františkánská zahrada 을 잇는 통로고, 다른 하나는 루체르나 궁전Palác Lucerna 을 지나는 통로다. 그중 루체르나 궁전을 통과하는 길은 루체르나 통로 Pasáž Lucerna 라고도 불리는데, 한 개 블록에 해당하는 건물을 이어주는 길이다.

03 루체르나 쇼핑몰 안에 설치된
데이비드 체르니의 〈말〉 조각상
04 루체르나 극장 영화 안내서
05 루체르나 카페 메뉴판
06 루체르나 카페 내부

풍자의 조각가, 데이비드 체르니

루체르나 통로에서 가장 넓은 공간에 다다르면 체코의 유명 조각가 데이비드 체르니 David Černý 의 조각상 〈말·Kůň〉을 볼 수 있다. 이 작품은 바츨라프 광장에 있는 요셉 바츨라프 미슬 벡 Josef Václav Myslbek 의 작품 〈성 바츨라프 기마상·Pomnik Sv. Vaclava〉을 패러디한 작품이다. 미슬벡의 작품 1912년이 용맹한 바츨라프 1세 Václav I 의 모습을 그려내고 있는 반면, 체르니의 작품 1999년은 바츨라프 1세가 거꾸로 매달린 말에 타고 있는 모습을 우스꽝스럽게 표현해냈다. 체르니는 그 밖에도 풍자와 해학으로 가득한 작품들을 만들어냈는데, 프라하 곳곳에서 그의 작품들을 볼 수 있으니 시간이 나면 체르니를 따라 프라하를 누벼보는 것도 좋을 것이다.

백 년이 넘은 루체르나 극장

조각상 〈말〉 아래에 서면 루체르나 궁전에서 가장 유명한 곳들을 만날 수 있다. 바로 루체르나 극장 Kino Lucerna , 루체르나 뮤직 바 Lucerna Music Bar , 루체르나 연회장 Lucerna Ball , 그리고 영화관 옆 카페 루체르나 Kavárna Lucerna 이다. 1907년에 개장한 루체르나 극장은 보헤미아 지방에서 가장 오래된 극장이며 아르누보 형식으로 내부를 꾸민 곳이다. 최신 극장보다 설비도 부족하고 자리도 불편하지만, 백 년이 넘은 극장에서 낡아도 여전히 고상한 의자에 앉아 영화를 관람하는 건 참 매력적이다. 극장은 체코와 전 세계에서 개봉하는 영화들의 초연을 하거나 각종 영화제 수상작 등을 상영하는 등, 체코 영화계에서 중요한 역할을 해내고 있다. 최근 한국 영화제가 열린 극장도 이곳이었는데, 블록버스터가 아닌 다양한 장르의 우수한 영화들을 이 아름다운 영화관에서 감상할 수 있다.

루체르나 뮤직 바 그리고 루체르나 카페

루체르나 뮤직 바는 프라하에서 가장 오래된 클럽 중 하나로, 80~90년대 팝을 들으며 춤을 출 수 있는 공간이다. 체코의 유명 로컬 밴드들의 공연도 자주 열리는 편이지만, 역시 루체르나 뮤직 바는 올드 팝의 성지로 더 알려져 있다. 루체르나 연회장에선 각종 입학식과 졸업식 등이 진행되며, 행사가 있는 날에는 예쁘고 멋지게 차려입은 사람들로 통로가 붐비는 모습을 볼 수 있다.

루체르나 카페는 영화관으로 가는 길목의 2층에 있는데, 궁전 내부 쪽으로 큰 창이 뚫려 있어 거꾸로 매달린 바츨라프 조각상을 바라보며 커피나 와인, 맥주를 마실 수 있다. 영화를 보기 전이나 후, 사람들은 종종 카페에 앉아 영화에 대한 이야기를 나눈다. 궁전의 장식을 그대로 간직한 카페에 들러 편안하고 부드러운 분위기를 만끽해보자.

07 루체르나 궁전이 보이는 창가 자리
08 루체르나 카페 내부
09 화려한 조명의 루체르나 카페의 바
10 특유의 동유럽 느낌이 물씬 나는
루체르나 카페 창가 쪽 자리
11 루체르나 카페 풍경

루체르나 카페(Kavárna Lucerna)
주소 Vodičkova 704, 110 00 Nové Město
이용 시간 매일 10:00~24:00
이용 가격 화이트 와인 65~1,899 CZK, 로제/레드 와인 65~300 CZK
웹사이트 www.restaurace-monarchie.cz/kavarna-lucerna

Rádi vás
obsloužíme
na baru

We are happy
to serve you
at the bar

THEME 2.
TRENDY SPOTS

프라하는 서유럽과 동유럽의 근현대 문화가 혼재된 도시로 서유럽 자본주의와 동유럽 공산주의의 잔재가 만난 자리에 다양한 문화가 자라났다. 소비주의의 선봉인 힙스터 문화부터 세련된 극장 문화까지, 또 다른 문화의 요람, 프라하를 둘러보자.

중독의 프라하 7구
독스 갤러리

독스 갤러리는 주요 사회 현안들을 예술로 발언하는 장을 만들고자 기획되었다. 또한 연구와 발표, 토론이 이뤄
지는 공간을 제공하며, 사회 현실에 대해 비판적인 시각을 시각예술, 문학, 행위예술 등 예술적 형태로 제공한다.

'오늘날 많은 사람이 천편일률적으로 생각하기 시작할 때, 우리는 예술을 통해 그 획일화를 막고자 한다. 예술은 사고의 균질화를 한순간이라도 막아내는 데 큰 역할을 할 것이다.'

이는 독스 갤러리Dox gallery 의 모토가 되는 문장이다. 사람들은 예술과 일상은 태생이 다른 단어고, 삶에 미치는 효용 또한 다르다고 흔히 생각한다. 그러나 대중문화가 범람하여 일상을 선정적인 이미지로 메우고 사람들을 강한 자극으로 마비시킬 때, 그 자극 너머의 진정성을 찾기 위해 우리는 예술을 이용할 수 있다. 예술과 일상은 괴리되어서는 안 되며, 우리는 일상을 예술화해야 한다.

01 독스 갤러리 외벽
02 갤러리 외벽과 외부에 설치되어 있는 비행선 걸리버
03 비행선 걸리버 내부 모습
04 밤의 갤러리 풍경

독스 갤러리가 위치한 프라하 7구는 예술과 음악 중독자들의 구역이면서 예술과 문학, 그리고 음악과 영화가 꽃 피는 곳이다. 7구에 위치한 레트나 공원과 스트로모브카 공원, 그리고 밤을 수놓는 카페와 펍들, 체코 국립미술관과 조그만 영화관들, 그리고 골목과 골목 사이로 일상이 펼쳐지고 그 일상에 예술의 기운이 가득 깃든다. 프라하 7구는 블타바강을 위아래로 둔 채 만 형태로 펼쳐져 있다. 커다란 두 공원 사이에 자리 잡은 도심에는 시장과 기차역, 예술학교 그리고 번잡한 일상이 자리한다.

독스 갤러리는 홀레쇼비체에 위치한 진보적인 예술 단체이자 갤러리다. 독스 갤러리의 '독스'는 그리스어 Doxa에 어원을 두고 있는데, 의견이나 신념을 받아들인다는 뜻이다. 독스 갤러리의 전시는 다른 전시 공간들과 결을 달리하며, 현대 사회의 이슈들에 대한 비판적인 반영을 목표로 한다. 대표적으로 바츨라프 하벨Václav Havel 대통령에 대한 기록 전시, 러시아 혁명 백 주년 전시 등이 열렸다. 이러한 전시들은 비예술적인 분야인 심리학, 철학, 역사학, 사회학, 정치학을 포괄하며 우리의 일상에 깃든 예술로써 사회를 응시한다.

05 사진 전시를 바라보는 관람객
06 전시 풍경
07 갤러리 내부의 디자인 매장
08 비행선 걸리버 도면이 전시되어 있는 갤러리 안에 있는 카페
09 바츨라프 하벨 전시 풍경

09

독스 갤러리는 프라하 7구 구석에 자리 잡고 있어서 발걸음 하기 쉽지 않은 편인데, 근처에 있는 카페 브니트로블록이나 힙하기로 유명한 펍인 크로스 클럽으로 가는 길에 들리기 딱 좋다. 또한, 동서남북 어디로 가나 블타바강을 마주할 수 있어 전시 관람 후 시간이 남으면 강변으로 산책 가는 것도 좋다. 독스 갤러리 내에는 예술과 디자인 서적을 취급하는 매장이 있고, 그 위로 비행선 걸리버 Gulliver 가 떠 있다. 철제 프레임에 목제 마감을 한 이 비행선은 2016년에 독스 갤러리 옥상에 설치되었으며 42미터의 거대한 위용을 자랑한다. 파란 하늘 아래 떠 있는 비행선은 콘퍼런스나 세미나 등의 공간으로 활용되고 있다. 중독의 프라하 7 구, 그리고 독스 갤러리. 오늘은 우리의 일상을 예술로 승화해보자.

독스 갤러리(Dox gallery)
주소 Poupětova 1, 170 00 Praha 7-Holešovice
이용 시간 월요일 10:00~18:00, 수요일 11:00~19:00, 목요일 11:00~21:00,
금요일 11:00~19:00, 주말 오전 10:00~18:00
이용 가격 어른 180 CZK, 가족 300 CZK, 학생 90 CZK(국제학생증 지참)
웹사이트 www.dox.cz

예술가들의 공간
미트팩토리

미트팩토리 외관에는 데이비드 체르니의 빨간색 자동차 작품 두 대가 '걸려' 있는데, 그 그로테스크한 풍경을 시작으로 예술가들의 공간, 미트팩토리를 만나러 가자.

프라하 남부의 스미호프 Praha-Smíchov 지역은 강변의 백조들로도 유명하지만, 그곳에 있는 유명한 예술가들의 성지, 미트팩토리 MeetFactory 가 프라하 현대 예술의 요람 역할을 톡톡히 해내는 것으로도 잘 알려져 있다. 미트팩토리는 체코의 조각가 데이비드 체르니를 비롯한 예술가 집단이 설립한 공간으로, 예술가들이 거주하면서 전시도 기획하는 복합문화 공간이다. 레지던시, 전시실, 연극 극장, 공연장 이렇게 총 네 공간으로 구성되며, 체코의 가장 현대적이면서 일상적인 예술을 표현해낸다.

미트팩토리의 가장 중요한 공간인 레지던시는 40개의 스튜디오를 보유한 체코에서 가장 큰 예술 레지던시다. 체코뿐만 아니라 전 세계의 예술가들이 기거하며 아이디어를 공유하는 곳으로, 예술가들은 체코의 갤러리나 미트팩토리 내의 전시에 참여함으로써 로컬 예술의 부흥에 앞장서고 있다. 레지던시는 미트팩토리 공간 2층에 위치하며 평소엔 일반인들에게 공개되지 않지만, 일 년에 두 번 열리는 퍼블릭 하우스 Public House 행사 때는 관람객들도 작가들과 직접 소통할 수 있다. 작가들의 작품은 미트팩토리의 두 전시 공간에서 자주 전시되는데, 1층 한가운데 위치한 전시장에서는 다양한 작가들의 협업 작품을 전시하고, 2층에 위치한 작은 공간에서는 단일 작가의 전시를 지향하고 있다.

01 벽면 가득 포스터가 부착된 미트팩토리 내부

02 옷 보관실과 내부 바 테이블

03 미트팩토리와 스미호프역을 가로지르는 기찻길
04 미트팩토리 입구
05 체코 싱어송라이터 드네
06 모세스 숨네이 공연
07 밤의 바 풍경
08 공연을 기다리는 안나

미트팩토리의 4개 공간은 각각의 중요한 역할을 한다. 1층의 큰 전시장 옆에 있는 극장에선 문학과 소설을 기반으로 한 연극을 공연하는데, 헝가리 출신 작가 아고타 크리스토프 Agota Kristof 의 저서 《존재의 세 가지 거짓말》을 극화하여 공연하기도 했다. 50명이 들어갈 수 있는 조그만 이 극장과 달리, 800명이나 수용할 수 있는 미트팩토리 공연장에선 로컬 밴드나 유명하지 않은 신예 예술가들의 공연이 펼쳐진다. 미트팩토리 자체가 수익을 추구하지 않는 비영리 재단이기 때문에 로컬 예술 문화의 활성화에 도움이 될 수 있는 밴드들 위주로 공연을 진행하는 것이다. 체코의 싱어송라이터 드네 Dné 또한 이곳에서 여러 번 콘서트를 진행했다.

미트팩토리의 네 공간은 미술과 음악, 그리고 행위예술과 일상의 경계를 넘나들며 상호작용한다. 대부분의 인파가 공연을 매개로 찾기 때문에, 문을 여는 시각인 오후 한 시의 한가로움은 저녁 일곱 시가 되면 분주함에 그 자취를 감춘다. 1층 한편에 자리한 바에선 달콤한 맥주와 칵테일을 판매하는데, 맥주를 마시면서 공연을 보거나 전시를 관람할 수도 있다. 미트팩토리는 열린 공간을 지향하며 예술가 레지던시를 기반으로 다른 전시 공간들과 교류하고, 동시에 플리마켓이나 여름 영화관 Summer cinema 을 진행하면서 대중과 소통하기도 한다.

관광객들이 주로 머무는 구시가지에서 멀리 떨어진 프라하 남쪽의 미트팩토리를 찾아가기란 조금 불편하다. 가장 가까운 트램 정거장 리호바르 Lihovar 에서 직선거리로 50미터밖에 떨어져 있지 않지만 기찻길을 가로질러가야 하기 때문인데, 하지만 같은 공연을 보러 가는 관객들과 보폭을 맞춰서 그 길을 걷고 있노라면 자연스레 서로 대화를 나누며 친구가 될 수 있다.

미트팩토리(Meetfactory)
주소 Ke Sklárně 3213/15, 150 00 Praha 5-Smíchov
이용 시간 매일 13:00~20:00(공연이나 연극 프로그램에 따라 상이)
이용 가격 홈페이지 참조
웹사이트 www.meetfactory.cz

프라하의 숨겨진 책방
셰익스피어 아 시노베

01

프라하에는 중고 서점부터 신간을 추천해주는 대형 서점까지 크고 작은 서점이 많다. 그중에서도 셰익스피어 아 시노베는 체코어를 못하는 이들도 읽을 수 있는 영어책을 파는 책방이다. 영어로 번역된 체코 문학을 읽으며 프라하를 한 뼘 더 이해해보는 건 어떨까.

셰익스피어 아 시노베Shakespeare a synové, '셰익스피어와 아들들'이란 뜻의 이 책방을 처음 찾았던 건 몇 년 전이었다. 책방은 마치 프랑스 파리의 셰익스피어 서점 Shakespeare And Company을 연상시키며 캄파 섬 부근의 조용한 골목에 자리 잡고 있다. 영화 〈비포 선셋Before Sunset〉에서 두 주인공이 우연히 작은 책방에서 재회하는 것처럼, 프라하의 셰익스피어 아 시노베 또한 특유의 분위기로 방문객들을 사로잡는다. 얼핏 아주 작아 보이는 책방 지하에는 햇살이 잘 드는 커다란 서가가 있어, 마치 이상한 나라의 책방에 들어선 듯한 기분을 선사한다.

2002년에 처음 문을 연 셰익스피어 아 시노베는 베를린과 프라하에 두 개의 지점을 두고 있다. 이곳은 대부분 영어책으로 구성되어 있는데, 새 책뿐만 아니라 중고책도 판매해 비교적 저렴한 가격으로 다양한 장르의 책을 살 수 있다. 또한 프라하에 위치한 점을 살려 체코의 로컬 작가들을 소개하는 코너도 있다. 알폰스 무하의 사진집이나 카렐 차페크 평전, 체코의 전 대통령 바츨라프 하벨의 저서 등 영어로 된 다양한 체코 도서를 접할 수 있다.

01 책으로 가득한 서점 1층 내부
02 서점 입구 03 서점 안에서 바라본
입구 풍경 04 지하 서가로 내려가는
계단 05 볕 잘 드는 지하 서가

서점은 카를교에서 마네수프 다리Mánesův most로 가는 길목에 있다. 관광객들로 분주한 카를교에서 조금 떨어진 골목은 비교적 한산하고, 한 평 남짓한 서점 입구는 쉽사리 사람들의 시선을 끌지 못한다. 서점에 들어서면 좁은 통로 한쪽에 난 창문에서 비추는 햇살이 언뜻 보이고, 계산대를 지나 나선형 계단을 내려가면 커다란 지하 서가가 나온다. 지하에도 한쪽으로 창이 나 있어 햇살을 받으며 책을 읽을 수 있다. 책방에는 소파들이 놓여 있고, 새 책과 낡은 책들이 가지런히 꽂혀 책 내음을 뿜어낸다. 카를교에서 3분, 아주 조금 벗어났을 뿐인데 볕을 받으며 책을 읽을 수 있는 공간이 펼쳐지는 것이다.

체코어 실력이 부족하다면 셰익스피어 책방을 찾아 영어로 체코 문학을 탐독해보자. 보후밀 흐라발, 밀란 쿤데라 등의 작가들이 그들이 살았던 프라하와 보헤미아, 모라비아의 풍경들을 어떻게 그렸는지, 그리고 체코의 역사적 변곡점들 속에서 민중이 어떤 삶을 살아냈는지 알고 싶다면 문학 작품만 한 통로가 없을 것이다. 그리고, 혹시 아는가, 〈비포 선셋〉의 주인공들이 그랬듯, 일몰 직전의 책방에서 당신의 운명과 재회하게 될지.

06 책이 가득 꽂힌 서가
07 한적하게 책을 읽을 수 있는 공간
08 다양한 책들이 꽂힌 서점 매대
09 지하 1층의 안락한 소파

셰익스피어 아 시노베(Shakespeare a synové)
주소 U Lužického semináře 91/10, 118 00 Malá Strana
이용 시간 매일 11:00~19:00
이용 가격 홈페이지에서 책 가격 확인 가능
웹사이트 www.shakes.cz

인생은 포르노다

포비든 스폿

라이프 이스 포르노. 정말 단순하게 바라보면 인생은 사실 한 편의 포르노일 뿐이다. 외설과 예술의 경계를 넘나드는 가장 흥미로운 지점에서 말이다.

인생은 포르노다Life is Porno. 이 짧은 문구는 프라하의 후미진 골목, 어둑한 바, 볕 안 드는 공원의 벤치 구석구석에서 찾아볼 수 있다. 검은색 배경에 하얀색 폰트로 휘갈겨 쓴 문구의 스티커는 마치 낭만적인 프라하를 비꼬는 듯 도발적인데, 프라하에서 지내는 내내 뜬금없는 장소에서 발견할 때면 반갑기도 궁금하기도 했다. 라이프 이스 포르노, 이 문구의 근원은 바로 포비든 스폿Forbidden Spot, 그 이름도 특별한 공간이다.

2012년 라이프 이스 포르노라는 스트리트웨어 브랜드를 공식 런칭한 티노Tino와 디안Dian은 사실 10여 년 전부터 다양한 스트리트 아티스트들과 협업을 진행하며 파티와 전시를 기획해왔다. 원래 그들은 프라하 7구의 블타브스카Vltavská 지하철역 옆에서 큰 공간을 운영했다. 300명이 넘는 그래피티 아티스트들이 채운 그래피티 파티 공간과 강연장, 널찍한 코워킹 스페이스co-working space와 회의장, 그리고 여덟 개의 스튜디오를 운영하며 프라하 거리예술의 요람으로 불렸으나, 그곳에서 인생의 찬란함을 외치던 그들도 자본의 횡포를 피해갈 순 없었다. 예술가들이 흔히 겪는 젠트리피케이션 문제로 2017년 여름, 건물에서 쫓겨나게 된 것이다.

01 포비든 스폿의 쇼룸 풍경
02 작품이 그려진 계단 모습
03 포비든 스폿 입구
04 그림이 그려진 스케이트보드와 모자들

05 포비든 스폿 외부의 그라파티
06 포비든 스폿 입구
07 갤러리로 올라가는 계단
08 티노와의 인터뷰
09 라이프 이스 포르노 모자
10 레트나 공원의 스케이트보더들

그들은 그해 12월에야 프라하 7구 스파르타역 근처에 새로운 둥지를 틀었고, 지금껏 더 나은 대안 공간으로 만들고자 노력하고 있다. 새로운 포비든 스폿은 스케이트보더의 성지 레트나 공원의 바로 옆에 자리 잡고 있어 접근성이 좋고, 밤이면 가장 찬란해지는 야외 바 스탈린을 한 품에 껴안는다. 포비든 스폿은 한정판매 위주로 스트리트웨어 제품을 판매하는 쇼룸과 다양한 작가들의 전시를 진행하는 갤러리, 아티스트 디안의 작업실 등으로 구성되는데, 여전히 이전의 명성을 되찾기 위해 분투 중이다.

쇼룸에 들어서면 이전의 공간을 가득 메웠던 그라피티가 지금은 정확히 절반만을 차지하고 있는 게 보인다. 새하얀 백색의 반대쪽 공간과 대조되는 그라피티의 향연은 포비든 스폿의 과거와 현재를 제대로 드러내고 있다. 포비든 스폿은 가장 로컬다우면서 체코인들이 함께 만들고 즐기는 스트리트패션 브랜드이자, 다양한 아티스트의 전시 공간, 스트리트웨어가 함께 협업할 수 있는 공간, 로컬 아티스트와 로컬 브랜드가 함께할 수 있는 공간을 꿈꾼다.

포르porn 가 아닌 포르노porno. 체코와 슬로바키아인들이 어미에 알파벳 O를 붙이듯, 그들은 알파벳 하나로 삶의 지루함을 포르노그래픽하게 바꿔버렸다. 포비든 스폿을 찾는 모든 이들이 '인생은 놀랄만한 것, 멋진 것, 우리 상상 너머에 있는 것'이라는 사실을 깨닫고 가길 바란다.

포비든 스폿(Forbidden Spot)
주소 M. Horákové 185/104, 160 00 Praha 6-Bubeneč
이용 시간 화요일, 목요일 15:00~19:00
웹사이트 www.forbiddenspot.com

01

02

프라하의 동네 영화관들
비오 오코, 키노 스베토조르

밀란 쿤데라의 명작, 《참을 수 없는 존재의 가벼움》은 1988년 한국에
선 〈프라하의 봄〉이란 이름으로 영화화되었다. 생각에 잠기고 싶은 날,
프라하의 조그만 동네 영화관에서 존재의 무게에 대해 생각해보는 건
어떨까.

01 영화 포스터가 부착되어 있는
비오 오코 내부
02 키노 스베토조르 내부
03 키노 스베토조르의 영화 포스터
판매 부스

한 나라에 진득이 머물 때면 그 나라의 책과 영화를 탐독
하곤 한다. 체코 문학과 영화의 정서는 한국의 30년대와
비슷한 데가 있는데, 아무래도 식민지의 아픔을 겪었다는
공통점 때문일 것이다. 체코슬로바키아는 합스부르크 왕
국, 오스트리아—헝가리 제국, 나치 독일과 소련의 치하에
서 오랫동안 민족국가의 꿈을 키워왔지만 그 꿈은 소련의
붕괴 이후에야 실현되었다. 그래서일까. 그 풍경을 담은
체코 영화들은 어딘가 모르게 냉소와 체념, 그리고 허무주
의적 유머를 담고 있다. 이런 영화들은 시네마 시티Cinema
City 같은 멀티 컴플렉스 영화관에서 감상하긴 어려운데,
이 영화들의 배급을 대신해주는 곳이 바로 동네 영화관들,
비오 오코BIO OKO와 키노 스베토조르Kino Světozor다.

04 비오 오코 영화관으로 내려가는 계단
05, 07 내부 바 풍경
06 비오 오코 영화관 간판
08 영화관에서 바라본 프라하 7구

비오 오코

프라하 7구에 위치한 비오 오코는 예술영화를 중점적으로 상영하는 영화관으로, 오래되거나 새로 개봉한 영화뿐만 아니라 각종 영화제에서 수상한 작품들까지 두루 선보인다. 영어 자막이 입혀진 영화도 자주 상영해서 외국인들도 종종 찾는 곳이다. 비오 오코에서는 흔한 좌석이 아닌 편안한 침대 의자나 빈백 의자에 앉아 영화를 볼 수 있다. 영화관 1층에는 낮의 햇살이 가득 들어오는 카페가 있어서, 영화를 보지 않더라도 커피나 맥주를 마시며 시간을 보내려는 동네 주민들이 찾아온다.

비오 오코(BIO OKO)
주소 Františka Křižka 460/15, 170 00 Praha-Holešovice
이용 시간 평일 10:00~25:00, 주말 11:00~25:00
이용 가격 영화 한 편 140 CZK
웹사이트 www.biooko.net

키노 스베토조르

스베토조르 영화관은 1918년에 지어져 2004년부터 예술영화 전용 극장이 되었다. 바츨라프 광장 한편에 있는 이 영화관은 아르누보와 모더니즘 형태로 지어진 아름다운 건물 지하에 있는데, 커다란 유리문을 열고 들어가야 해서 관광객들은 모른 채 지나쳐버리곤 한다. 영화관 1층에는 티켓오피스와 영화포스터 판매 부스가 있고, 그 옆에서 다양한 영화 관련 소품을 판매한다. 지하 영화관 옆으로는 카페가 있는데, 레드 카펫과 전구색 조명이 잘 어울리는 조그만 공간이다. 카페 또한 영화를 보지 않더라도 출입이 가능해서 잠시 번잡한 시내에서 벗어나 프라하의 아늑한 영화관 분위기를 느끼고 싶을 때 방문하면 좋다.

 키노 스베토조르(Kino Světozor)
주소 Vodičkova 791, 110 00 Nové Město
이용 시간 평일 12:30~23:00, 주말 10:30~23:00
이용 가격 영화 한 편 140 CZK
웹사이트 www.kinosvetozor.cz

안델의 작은 예술 공간

카바르나 초 흘레다 이메노

사무실과 쇼핑센터의 천국 안델에서 한적한 공간을 찾기란 쉽지 않다. 그래서 카바르나 초 흘레다 이메노는 더 소중한 공간으로, 오래된 목공소를 개조해 만든 안델의 조용한 카페다. 분주한 프라하 사람들의 쉼이 되는 곳, 안델의 작은 예술 공간에 방문해보자.

프라하 5구의 안델 Anděl 지역은 상대적으로 관광객이 덜 찾는 곳이다. 근처에 숙박하거나 커다란 마트인 테스코에 갈 일이 없는 이상, 안델은 시가지와 떨어져 있을뿐더러 유명한 관광지도 없기 때문이다. 안델은 구역상 스미호프에 포함되는데, 그중에서도 호텔과 오피스들이 밀접해 있는 지역이라 관광객들이 크게 발걸음을 할 일이 없다. 그럼에도 골목과 골목 사이의 조그만 식당과 카페를 발견하는 재미는 다른 지역들 못지않아서, 골목을 돌다 보면 베르나드 펍 Bernard Pub 이나 스타로프라멘 맥주 양조장 Pivovary Staropramen s.r.o. 등 보물 같은 공간들을 발견할 수 있다.

01 카바르나 초 흘레다 이메노 입구
02 공간의 필요성에 대한 문구가 적혀 있는 바 풍경
03 내추럴한 인테리어가 돋보이는 카페 내부 풍경

02

03

04

05

카바르나 초 흘레다 이메노^{Kavárna co hledá jméno}는 안델의 문화예술을 책임지는 공간이다. 이 유명한 프로젝트는 젊은 현대 예술가인 루카스 주다르스키^{Lukáš Žďárský}와 야쿠브 자이츠 ^{Jakub Zajíc}에 의해 기획되었는데, 스미호프의 낡고 커다란 목수 공방을 카페와 전시 공간으로 개조해 시민들에게 개방한 것이다. 통유리로 볕이 가득 들어오는 이 공간에선 커피와 예술 그리고 건축을 체험할 수 있으며, 매주 열리는 워크숍과 세미나, 플리마켓, 요가 행사 등을 통해 예술가와 시민들이 직접 소통할 기회가 제공되기도 한다.

카페는 안델역의 두 출구 사이에 있는데, 주차장을 지나 철문을 열고 들어와야 해서 초행길에는 지도가 없으면 쉽게 찾기 어렵다. 철문을 열면 녹음이 우거진 정원이 나오고, 그 앞으로 오래된 공장의 모습을 한 카페가 세련된 내부 장식과 함께 손님들을 맞는다. 카페는 작은 정원을 끼고 있어서, 숲에 둘러싸인 듯 그늘진 정원에서 잠시 여유로운 시간을 가져볼 수 있다. 카페 안에는 기다란 공유테이블이 하나 있고, 폭신한 의자들과 널찍한 책상들이 섞여 있어 그날의 기분에 따라 타인들과 테이블을 나눌 수도, 홀로 자리를 차지하고 앉아 책을 읽을 수도 있다. 와인을 한잔하거나 커피를 내려 마시면서 번잡한 일상 속 한가함을 만끽하자.

카바르나 초 흘레다 이메노(Kavárna co hledá jméno)
주소 Stroupežnického 493/10, 150 00 Praha-Smichov
이용 시간 월요일 12:00~22:00, 화요일~금요일
08:00~22:00, 주말 09:00~20:00
이용 가격 카푸치노 65 CZK, 플랫 화이트 75 CZK
웹사이트 www.kavarnacohledajmeno.cz

04 카페의 널찍한 공유테이블
05 카페 전시장으로 가는 통로
06 창밖으로 보이는 내부 정원
07 카페에서 판매하는 꿀
08 인기 좋은 메뉴 흘레비첵

프라하 힙스터들의 성지
브니트로블록

아침 일찍 와서 밤늦게 떠날 때까지 지루함을 느낄 수 없는 공간. 힙스터
가 아닌 트랜드를 좇는 공간. 가장 보통 사람들이 오는 아주 특별한 공간.
오늘도 프라하 7구의 브니트로블록은 제 역할을 톡톡히 수행하고 있다.

그들은 이곳을 '힙스터 성지'라 부르기를 꺼렸다. 어떤 이들
은 힙스터 문화가 그저 소비주의의 결정체라고도 말하지만,
여기는 소비가 아닌 창조를 지향하는 문화 공간이기 때문이
다. 프라하에서 문화를 소비하는 이들이라면 한 번쯤은 꼭
들러보거나 들어봤을 곳, 프라하 7구에서 가장 유명한 카페
겸 복합문화 공간. 바로 브니트로블록 VNITROBLOCK을 두고 하
는 말이다.

01 브니트로블록 내부
02 브니트로블록에서 진행하는 요가와 댄스
클래스 포스터
03 편히 앉을 수 있는 좌석과 판매 상품으로
가득한 넓은 카페 전경

브니트로블록은 오래된 공장을 개조해 만든 복합문화 공간이다. 프라하에는 워낙 좁은 건물들이 많아 이만한 크기를 활용한 문화 공간이 많지 않은데, 이곳은 공장 원래의 크기를 그대로 살려서 새로운 역사를 써내려가고 있다. 브니트리블록이 문을 연 지 3년이 채 안 되었으며, 댄스 클래스가 열리는 2층의 공간을 시작으로 아래층에 카페, 전시 공간과 판매 공간, 콘퍼런스 홀 등이 순서대로 문을 열었다. 브니트리블록의 가장 큰 공간을 차지하는 카페는 커피와 각종 음료, 맥주, 와인을 팔고, 그 옆에서는 공간의 창의성과 어울리는 제품들을 판매한다.

04 카페 내부의 설치 미술
05 스포츠웨어 판매 상품이 진열되어 있는 모습
06 카페 카운터 모습
07 와인과 LP 판매 부스
08 햇빛이 잘 드는 브니트로블록 카페 내부 전경

브니트로블록에서 가장 매력적인 부분은 높은 천장이다. 브니트로블록은 이곳의 마케터 V가 묘사한 대로 '벽에 가로막히지 않는' 열린 공간을 지향한다. 천장 아래의 공간에서는 요가나 다양한 댄스 클래스가 진행되며, 그 아래의 카페와 상점들이 있는 큰 공간에서는 한 달에 한 번 전시가 열린다. 브니트로블록은 원래 '집과 집이 모인 하나의 블록Vnitroblok'이란 뜻의 단어에 알파벳 C를 붙인 것으로, 다양한 문화예술이 협업하는 공간을 지향하고 있다. 이는 카페와 판매 공간을 넘나드는 각종 전시와 행사로도 드러난다. 체코 예술건축디자인 대학인 움프룸Umprum 대학생들의 전시나 유명 작가들의 전시가 공간을 채우기도 한다. 전시들은 대개 공간과 조화를 이루며, 판매되는 제품 역시 마찬가지다.

마케터 V에 따르면 브니트로블록은 창의적인 공간일 뿐만 아니라, 그 공간을 찾는 사람들을 통해 더욱더 흥미로워지기를 바라고 있다고 한다. 이곳을 찾는 한 사람 한 사람이 각자 다른 이야기를 브니트로블록에 풀어놓기 때문이다.

이곳에는 2020년 1월 '7조각 7 Piece'이라는 이름의 비스트로가 문을 열 예정으로, 늦은 밤 열두 시에 와서 디제잉을 즐기며 친구들과 7조각으로 나누어 먹을 수 있는 음식을 모토로 하는 음식점이다. 음식점과 카페, 전시뿐만 아니라 콘퍼런스 홀, 패션 브랜드, 녹음 스튜디오, 레코드 와인숍에 들러 다양한 체험도 할 수 있다.

브니트로블록(VNITROBLOCK)
주소 Tusarova 791/31, 170 00 Praha 7-Holešovice
이용 시간 월요일 12:00~22:00, 화요일~토요일 09:00~22:00,
일요일 09:00~20:00
이용 가격 커피 45~60 CZK, 맥주 40~60 CZK
웹사이트 www.vnitroblock.cz

01 아카데미아 서점 내부 전경
02 책이 빽빽이 들어찬 서가
03 빛이 들어오는 서가
04 2층으로 올라가는 계단

테라스에 앉아 책 읽기
아카데미아 서점

테라스에 앉아 바츨라프 광장을 내려다볼 수 있는 곳. 한 손에는 책을 펴고, 한 손에는 커피를 들고 앉아 일상의 프라하를 즐길 수 있는 곳. 프라하를 오랫동안 걷다가 지칠 땐, 아카데미아 서점을 방문해보는 건 어떨까. 우중충한 날의 테라스는 사실 더 운치 있다.

아카데미아 서점 Knihkupectvi Academia 1층엔 책과 프라하 관련 기념품이 가득 들어차 있고, 2층에도 역시 책이 빽빽하게 꽂혀 있다. 2층 구석엔 조용한 카페가 있어서 야외 발코니에 앉아 커피를 마시며 책을 읽을 수 있다. 조그만 발코니는 바츨라프 광장을 향해 있는데, 일렬로 자리 잡은 식탁엔 언제나 볕이 가득하고 그 옆의 낮은 담으로 꽃들이 흐드러진다.

봄과 여름 그리고 가을의 프라하는 야외로 나가야 제대로 만끽할 수 있다. 봄이 되면 카페들은 테라스의 먼지를 털어내고, 루프톱은 낮은 천막을 펼치며 기지개를 켠다. 아침이면 분주히 식탁과 의자가 거리로 나오고, 관광객과 주민들은 삼삼오오 주전부리나 마실 것들을 들고 강변으로 향한다. 여름의 명당은 단연 그늘진 곳인데, 사람들은 여름 하늘을 이불 삼아 잔디에 눕거나 파라솔 아래에서 한낮의 풍경을 구경하곤 한다. 해가 짧아지는 가을이면 도시는 붉게 물들고 낙엽이 내려앉은 강변 풍경은 정말이지 아름답다.

05 서점 2층 풍경
06 아카데미아 서점의 서가와 과학협회 로고
07 서점 한쪽에 위치한 카페
08 2층의 테라스 자리

바츨라프 광장을 지날 때면 테라스에 앉아 커피를 마시는 이들을 부러운 눈으로 보곤 했다. 바츨라프 광장은 그 커다란 품으로 사람들을 포용하는 매력이 있는 곳이고, 동시에 프라하에서 가장 분주한 장소였다. 건물 2층이나 3층 발코니에서 책을 읽거나 시간을 때우는 이들은 그런 분주함에서 살짝 물러나 보였고, 그 벽 너머로 일상의 안온함이 느껴졌다. 가장 매력적인 장소는 바츨라프 광장 트램역 옆에 위치한 아카데미아 서점 테라스였는데, 오후 햇살을 받으며 책을 읽는 누군가의 모습이 그렇게 멋있어 보였다.

아카데미아 서점은 체코슬로바키아 과학협회에서 1953년에 문을 연 공간으로, 출판사와 함께 운영하고 있다. 서점 본점이 이곳 바츨라프 광장에 있는데, 2층의 낮은 테라스에서 바라보는 광장의 풍경은 정말인지 아름답다. 바츨라프 광장에 있는 본점 외에도 여러 지점을 가지고 있다. 날씨 좋은 날에는 서점 테라스에서 바깥 날씨를 즐기며 책을 읽는 건 어떨까.

아카데미아 서점(Knihkupectvi Academia)
주소 792/34, Václavské nám. 1, 110 00 Nové Město
이용 시간 평일 09:00~20:00, 토요일 09:30~19:00, 일요일 09:30~18:00
웹사이트 www.academia.cz

01

친숙한 커피와 낯선 공연의 공존
카페 브이 레제

비노흐라디에서 가장 '힙'한 거리 크림스카에는 다양한 카페가 있다. 그중에서도 카페 브이 레제는 크림스카의
문화를 선도하는 공간이다. 이 숲속의 카페에서 프라하 힙스터의 일상을 두 눈에 담아보자.

01 1층 카페와 지하 공연장을 이어주는 통로
02 다양한 술이 장식과 같이 진열된 바
03 오래된 소품과 손글씨로 장식된 브이 레제

2010년에 문을 연 조그만 카페 브이 레제 ^{Café V} ^{lese}는 1970년대의 아늑한 가구와 오래된 레트로 스타일로 꾸며져 있다. 브이 레제는 '숲속의 카페'라는 뜻으로, 이곳은 갤러리와 음악 클럽을 함께 갖추고 있는 문화 공간이기도 하다. 카페에서는 다양한 공연과 연극, 낭송회와 플리마켓 등이 열리며, 단순히 커피만 파는 카페가 아닌 문화를 공유하고 체험하는 공간의 역할을 하고 있다. 맛있는 커피와 체코 현지에서 빚어낸 와인, 조그만 양조장들에서 생산해낸 맥주와 그 외 주전부리를 문화와 함께 향유할 수 있는 공간이다.

숲속의 카페, 카페 브이 레제는 비노흐라디에서 가장 힙한 거리 중 하나인 크림스카^{Krimská}에 위치해 있다. 크림스카 거리는 프라하 남부의 커다란 정원인 하블리츠코비^{Havlíčkovy sady}와 맞닿은 언덕 위에 있는데, 녹음이 우거지는 여름이면 녹색 물결 사이로 산책하다 카페에 들러 목을 축이기 안성맞춤이다. 카페 브이 레제를 비롯해 아늑한 슬라트코브스키 카페^{Café Sladkovský}, 비건식당 겸 펍인 플레벨^{Restaurace Plevel}, 조그만 맥줏집 말레르 바^{Malér bar}, 프라하의 다양성 펍으로 주목받는 부도이르^{Boudoir-U Sta rán} 등 다양한 카페와 펍이 거리에 자리 잡고 있어 프라하에 오래 머무는 이들이라면 한 번쯤 방문하기를 추천한다.

카페 브이 레제는 프라하 중심에서 조금 떨어져 있지만, 중심을 통과하는 트램 22번을 타면 바로 갈 수 있어 접근성도 좋다. 힙스터 느낌이 물씬 나는 카페의 위층에서 사진전을 관람하거나, 지하의 음악 클럽에서 공연을 보는 것도 카페를 즐기는 한 방법이다. 카페는 대부분 로컬 밴드 위주로 공연을 구성하고, 촉망받는 가수들과 협업한다. 오래된 내부 장식은 얼핏 소박해 보이지만, 그 공간에서 펼쳐지는 문화의 향연은 크림스카 거리를 밤새 반짝이게 한다.

04 햇살이 들어오는 내부 모습
05 시간의 흐름을 안고 있는 카페 바 테이블
06 볕이 잘 드는 아늑한 자리
07 앤티크하면서 따뜻한 분위기의 카페 전경
08 푸른 벽이 이색적인 카페 내부

누군가는 숲에 버려진 낡은 음악 공간 같다던 카페 브이 레제. 얼터너티브 록 밴드의 공연과 맥주 그리고 따뜻한 커피를 함께 즐기며 프라하의 로컬 문화를 훔쳐보자. 음악과 맥주에 밤을 맡긴 채 길을 나서면, 전구색 빛으로 물든 늦은 밤의 도시가 따뜻한 풍경으로 당신을 꼭 안아줄 것이다.

카페 브이 레제(Café V lese)
주소 Krymská 12, 101 00 Praha 10-Vršovice
이용 시간 매일 16:00~02:00
이용 가격 비엔나 커피 40 CZK, 맥주 20~40 CZK,
와인 38~200 CZK
웹사이트 www.cafevlese.cz

01 카페 내부에 있는 비디오 갤러리 입구

소박한 화려함
카페 노드

프라하의 밤뿐만 아니라, 조용한 낮의 시간도 책임지고 싶다는 카페 노드. 오
후의 나른한 햇살이나, 늦은 밤의 분주한 조명이 공존하는 공간이 궁금하다
면 한 번은 꼭 찾아보기를 권한다.

들로우하^{Dlouhá} 거리엔 관광객의 발걸음이 잦다. 구시가지와 바로 연결된 곳이기도 하고, 넓은 도로 양옆으로 여러 상점과 카페, 펍들이 있기 때문이다. 들로우하 거리는 백화점이 모여있는 공화국 광장^{Náměstí Republiky}과도 가까워 쇼핑을 끝내고 들르기에도 적격이다. 관광과 쇼핑 중에 쉬어 가기 좋은 거리라 할 수 있다. 들로우하 거리 초입에는 레스토랑 그룹 암비엔테^{Ambiente} 소속의 수제버거집 나세 마소와 로칼이 있고, 그 위로 매년 바뀌는 거대한 설치미술이 첫 삼거리에 자리 잡고 있다. 바로 카페 노드^{Café NoD}가 매년 기획하는 설치미술이다.

02 커다란 조형물이 설치되어 있는 카페 노드 전경

"카페 노드는 사실 인터넷 카페에서 시작했어요." 노드의 마케터가 한 말이다. "1990년대 처음 카페가 문을 열었을 때는 인터넷 카페와 갤러리였어요. 현재 카페 지하에 있는 클럽 록시 ROXY Prague 는 원래 영화관이었고요. 낮에는 카페에서 한가한 프라하 풍경을 볼 수 있어요. 오후 두 시에는 사람들이 거의 없어서 가끔 조용한 분위기에서 미팅을 하거나 늦은 점심을 먹으려는 사람들이 들르곤 하죠. 카페가 가장 바쁠 때는 밤이에요. 여섯 시가 넘으면 조명이 어둑해지면서 카페는 클럽 분위기로 변해요."

그의 말마따나 공간은 오후 여섯 시가 넘어야 분주해지고, 어둑한 프라하의 밤에 은은하게 빛난다. 수많은 병으로 가득한 칵테일 바는 밤의 조명을 받아 반짝이고, 음악에 몸을 맡기려는 이들이 클럽을 전후로 이곳을 찾는다. 하지만 분주한 밤의 노드만큼 조용한 낮의 카페도 참 매력적이다. 들로우하 거리의 상점들이 대개 그렇듯 노드도 테라스나 정원을 가지고 있진 않지만, 2층의 커다란 창으로 보이는 거리의 풍경과 그 위로 내리쬐는 햇살이 정말 아름답다.

03 카페 노드의 바
04 햇살 잘 드는 창가 좌석
05 카페에 설치되어 있는 조형물
06 카페 전시를 감상하는 관람객
07 카페 내부의 비디오 갤러리

카페 노드에서는 매년 10월이 되면 새로운 설치미술을 거리에 전시한다. 첫 전시에 사용했던 거대한 금빛 뼛조각은 지금도 카페 노드 내부에 전시되어 있다. 이 공간은 커피와 주류뿐만 아니라 음식점을 파는 카페, 온종일 소리 없는 비디오 설치 작품을 틀어놓는 비디오 갤러리, 그 뒤로 숨겨진 조그만 극장, 그리고 갤러리로 구성되어 있는데, 그 아래층에는 역시 프라하의 밤을 책임지는 클럽 록시가 있다. 프라하 예술의 중심을 꿈꾸는 카페 노드는 20년 역사와 다양한 예술 콘텐츠를 한 번에 접할 수 있는 복합문화 경험을 선사한다.

카페 노드(Café NoD)
주소 Dlouhá 33, 110 00 Staré Město
이용 시간 평일 10:00~25:00, 주말 14:00~25:00
이용 가격 라즈베리 소다 35 CZK, 홈메이드 레모네이드 69 CZK, 맥주 28~50 CZK
웹사이트 www.nod.roxy.cz

SHOPPING & RELAX AREAS

한 해 방문객 이천만의 도시 프라하. 그런 프라하에는 관광객을 위한 가게가 많다. 보헤미안 크리스털부터 맥주 비누까지 특색 있는 다양한 상품들이 판매되며, 카를교와 구시가지 광장 사이의 거리에서 조금만 벗어나도 같은 제품을 훨씬 저렴한 가격에 살 수 있다. 현지인들도 즐겨 찾는 프라하의 가게들을 공개한다.

01 보타니쿠스 매장에 진열된 화장품

02 하블리크 아포테카 매장의 화장품 병을 활용한 인테리어

프라하에서 꼭 사 가야 하는 것들

보타니쿠스, 하블리크 아포테카

'자연은 완벽하고 우리는 자연에서 영감을 받는다'는 그들의 말마따나, 체코에는 꽤 괜찮은 유기농 화장품 매장
들이 있다. 그중 체코인들도 좋아하는 화장품 가게 두 곳을 소개한다.

프라하를 찾는 관광객들이 즐겨 발걸음 하는 가게들은 대개 정해져 있다. 그 가게 대부분에
이미 많은 한국인들이 다녀갔고, 이제는 명실상부 매출에서 적지 않은 비중을 한국인들이
차지한다. 체코의 유명 화장품 가게 중 하나인 마누팍투라 Manufaktura 는 체코의 오리지널 화
장품을 표방하는 전략으로 한국인들 사이에 입소문을 탔고, SNS 등에도 소개되면서 알려지
게 됐다. 이제는 한국어로 된 설명서까지 준비할 정도로 많은 한국인 관광객들이 찾는 화장
품 가게가 되었다.

마누팍투라는 현지인들에겐 사실 관광지 상품 같은 느낌으로 받아들여진다. 외국 화장품에
대한 동경은 체코인들도 마찬가지인 건지, 그들은 오히려 프랑스 화장품 멀티숍 세포라
Sepora 에 가거나, 프라하에 진출한 한국 화장품 기업 미샤를 찾고, 심지어 한국 식료품 가게
인 케이숍 K-shop 에서 판매하는 코스알엑스 COSRX 제품을 구입하기도 한다. 그렇게 외국 화장
품에 대한 호기심이 많은 체코인들도 종종 찾는 체코 화장품 매장이 두 곳 있는데, 바로 보
타니쿠스 Botanicus 와 하블리크 아포테카 Havlíkova přírodní apotéka 다.

03 카운터가 보이는 보타니쿠스 매장 전경
04 다양한 비누 제품
05 자연 친화적 느낌을 살린 매장 입구
06 보타니쿠스에서 판매 중인 제품들
07 다양한 상품이 진열된 보타니쿠스 매장

보타니쿠스

보타니쿠스는 체코에는 프라하를 비롯해 카를로비 바리 Karlovy Vary, 체스키 크룸로프, 오스트라 Ostrá 지점이 있으며, 그밖에도 슬로바키아, 오스트리아, 독일 등에 지점을 낸 유기농 원료의 화장품 브랜드다. 체코 전통 제조법으로 제품을 만드는 보타니쿠스는 유기농 식물과 허브에서 추출한 성분으로 질 좋은 화장품을 만들어낸다고 한다. 보타니쿠스의 서로 마주 보는 두 매장이 프라하 구시가지 중심부에 위치해 있으며, 오스트라에 있는 큰 농장에서는 5월부터 12월까지 현장 체험이 이루어진다.

06

보타니쿠스(Botanicus)
주소 Týn 640/2, 110 00 Staré Město
이용 시간 매일 10:00~20:00
이용 가격 홈페이지 참조
웹사이트 www.botanicus.cz

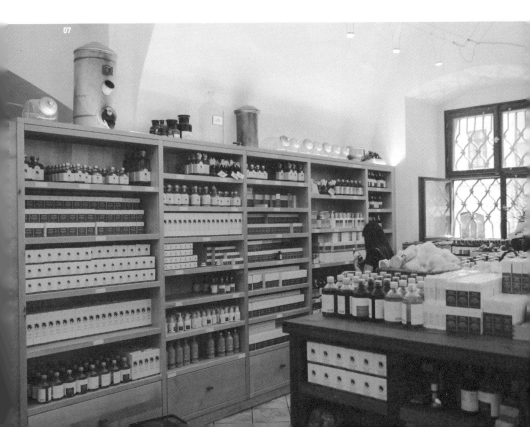

07

08 하블리크 아포테카의 다양한 제품들
09 매장에서 판매하는 비누
10 자연 친화적 느낌을 주는 매장 인테리어
11 목제 진열대에 놓인 각종 제품들
12 화장품 병을 활용한 인테리어 소품

11

하블리크 아포테카

보타니쿠스와 마찬가지로 하블리크 아포테카 또한 화학비료와 성장촉진제를 사용하지 않는 식물을 사용해 유기농 원료의 화장품을 만드는 체코의 뷰티 브랜드다. 아포테카는 17세기 약사였던 카렐 하블리크 Karel Havlík 의 전통 제조법을 그대로 유지 계승하고 있으며, 가장 자연적인 것에서 최고의 치료가 나온다는 믿음으로 제품을 만든다고 한다. 하블리크 아포테카는 건강을 위해 자신이 나고 자란 곳에서 수확한 농작물을 사용해야 한다는 신념으로 보타니쿠스처럼 자체의 농장을 운영하면서 허브와 꿀 등의 재료를 직접 생산한다. 체코 사람들도 종종 찾는 유기농 화장품 매장에 방문해보는 건 어떨까.

12

하블리크 아포테카(Havlíkova přírodní apotéka)
주소 Jilská 361/1, 110 00 Staré Město
이용 시간 매일 09:00~21:00
이용 가격 홈페이지 참조
웹사이트 www.havlikovaapoteka.cz

화려함 속에서 길을 잃다
데뷔 갤러리

체코 아티스트들의 협업 공간. 체코의 화려한 현대 디자인의 참모습을 살
피고 싶다면 프라하 중심부에 위치한 데뷔 갤러리를 방문해보자. 선글라
스와 컵, 옷과 도자기 그리고 각종 액세서리의 화려함 속에서 길을 잃고
있노라면 체코만의 디자인 세계를 만나게 될 것이다.

01 갤러리에 진열된 제품들

02 다양한 종류의 제품이 진열된 데뷔 갤러리 매장

흔히 사람들은 체코 하면 동유럽을 떠올리곤 하는데, 사실 프라하는 중앙유럽에 속하는 오스트리아의 수도 빈보다 훨씬 서쪽에 있다. 프라하의 경도는 오스트리아와 엇비슷하게 걸쳐 있지만 역사적 맥락 때문에 동유럽으로 인식되는 듯하다. 하지만 프라하는 유럽에서 제일 힙하다는 베를린의 계보를 잇는 곳이고, 베를린에서 차로 고작 4시간 거리에서 새로운 문화를 생산해내는 첨병 역할을 하고 있다. 서유럽과 동유럽의 중심에서 새로운 현대 예술을 창출해내는 곳, 그 프라하의 중심부에 데뷔 갤러리Debut Gallery가 있다.

03

04

03 갤러리에서 판매되는 옷과 소품들
04 테이블에 진열된 리빙 소품들
05 다양한 종류의 소품이 진열된 모습
06 갤러리에서 판매하는 액세서리 제품들
07 다양한 제품이 진열된 화이트 톤의 갤러리 전경

05

프라하 구시가지 중심부에 있는 데뷔 갤러리는 로컬 디자인의 혁신을 이끄는 곳이다. 데뷔 갤러리는 프라하에서 가장 유명한 부티크 중 하나로, 젊은 체코 디자이너들과 유명 아티스트들이 만든 현대적 디자인 제품을 판매해 이름을 알리고 있다. 데뷔 갤러리에 들어서면 가장 먼저 우아함과 화려함이 돋보이는 주얼리 제품들이 두 눈을 사로잡는다. 장신구류뿐만 아니라 옷들과 액세서리들, 각종 소품들, 유리 제품들을 구매할 수 있다.

데뷔 갤러리는 주로 프라하 로컬 디자이너들의 제품을 선보이므로 매혹적인 귀걸이와 반지, 목걸이 등의 제품군을 볼 때면 다른 유명 혹은 기성 브랜드들에선 찾을 수 없는 독특한 매력을 느낄 수 있다. 다른 숍들에 비해 제품 가격대는 있지만, 가장 체코다우면서 유럽에서 가장 이국적인 '동유럽'의 매력을 직접 체험하고 싶다면 꼭 한 번쯤 들러보길 권한다.

데뷔 갤러리(Debut Gallery)
주소 Malé nám. 458/12, 110 00 Staré Mĕsto
이용 시간 매일 10:00~20:00
이용 가격 홈페이지 참조
웹사이트 www.debutgallery.cz

매월 바뀌는 로컬 편집숍
숍 업 스토리스

가장 로컬다운 제품을 선보인다고 하는 숍 업 스토리스. 매월 교체되는 매대에서 프라하의 트렌드를 읽고 숍 업 스토리스만의 일상적인 제품들을 접해보는 건 어떨까.

01 숍 업 스토리스 진열대
02 다양한 제품이 진열된 매장 내부
03 이케아 가구를 활용해 구조 변경이
가능한 매장 인테리어
04 숍 업 스토리스의 쇼윈도

"숍 업 스토리스Shop Up Stories 는 디자이너들과 독립 브랜드들과의 협업을
공유판매Co-selling 공간을 통해 구현합니다." 공간 주인과의 인터뷰에서 그
는 이렇게 말했다. "우리는 잠재력 있는 독립 브랜드를 초대해 프라하의
중심에서 제품을 판매하도록 해줍니다. 즉, 독립 브랜드들이 자신의 길을
만들고, 고객들에게 이야기를 전달하며, 우리와 함께 걷도록 이끌어줍니
다. 특히 우리는 지구 환경을 고민하는 브랜드들에 더 집중하며, 자연 보
호를 위해 앞장서는 등의 노력을 기울입니다."

숍 업 스토리스는 2019년 5월에 문을 열었다. 그들은 디자인 이벤트 기획과 결제대행 서비스 업체로 시작했는데, 수많은 디자인 업체와 협업하면서 작은 브랜드들이 상품을 판매하는데 많은 어려움을 겪는다는 사실을 알게 되었다. 그래서 숍 업 스토리스는 유망 로컬 브랜드들을 위해 상품 판매를 기획하고, 마케팅과 결제를 대행해주는 역할을 시작했다. 숍 업 스토리스의 모토는 공유판매다. 로컬 브랜드들에 공간을 대여해줄 뿐만 아니라, 브랜드 전략 수립에도 큰 도움을 준다.

온라인과 달리 오프라인 공간에서는 한 달에 한 번씩 제품 디스플레이를 바꾸는데, 매달 새로운 로테이팅 전시를 통해 여러 브랜드의 제품이 고객과 만날 수 있도록 한다. 다시 말해서 고객들이 다양한 제품을 폭 넓게 만나고 경험할 기회를 제공하는 것, 그리고 디자인 업체들에는 숍 업 스토리스의 의미 그대로 브랜드 '이야기'를 전달하도록 도와 대중들에게 다가갈 기회를 열어주는 것이 숍 업 스토리스의 역할이다.

05 숍 업 스토리스의 패브릭 제품들
06 유니크한 리빙 제품들
07 바디 제품들이 진열된 모습
08 다양한 공유판매 제품으로 가득한 숍 업 스토리스 내부

08

숍 업 스토리스의 모든 가구는 이케아에서 특수 제작한 것들로, 제품 진열을 바꿀 때 가구를 쉽게 옮기고 새로운 구조로 탈바꿈할 수 있어서 효율적이라고 한다. 또한 이곳에선 동선 파악 프로그램을 통해 어느 제품에 어떤 연령대와 성별의 사람들이 얼마 동안 머무는지를 파악한다. 여기서 수집한 데이터는 다음 제품 배열에 활용되며, 소소한 로컬 디자인들이 더 많은 고객에게 전달되는 데 도움이 된다고 한다. 다양한 로컬 디자인을 만날 수 있는 숍 업 스토리스에 들러 그들의 이야기에 귀 기울여보자.

숍 업 스토리스(Shop Up Stories)
주소 Anglická 14, 120 00 Vinohrady
이용 시간 평일 10:30~19:00
이용 가격 홈페이지 참조(카드 결제만 가능)
웹사이트 www.shopupstories.com

체코의 종이 가게

파펠로테, 보알라, 파피르나

체코의 예쁜 종이와 문구를 만나보자. 파펠로테, 보알라 그리고 파피르나에선 프라하만의 감성을 담은 디자인 문구를 경험할 수 있다.

유럽 사람들은 종이로 된 소품을 참 좋아한다. 이곳들을 안내해준 안나 역시 종이 제품을 사러 자주 길을 나서곤 했다. 프라하에는 예쁜 종이 가게가 세 곳 있는데, 제각기 다른 특색을 가진 종이와 문구류를 판매한다. 색색의 종이들과 체코의 디자인 문구를 만날 수 있는 곳. 바로 파펠로테 Papelote, 보알라 Voala 그리고 파피르나 Papírna 에서 프라하만의 종이와 문구 제품을 만나보자.

블타바강은 남쪽에서 북쪽으로 흐른다. 복작복작한 카를교나 구시가지와는 달리, 북쪽의 비세흐라트 근교만 가도 거리가 한산하다. 강의 물줄기를 따라 북쪽으로 향하다 보면 상점 일색의 거리들이 조금씩 거주지 형태로 바뀌는 게 보인다. 번잡한 번화가의 카페들에서 한가로운 동네 노천카페로, 무리 지어 다니는 관광객들에서 유모차를 끄는 주민들로 그 풍경이 변한다. 이상과 일상의 경계가 모호해질 즈음, 또 다른 조그만 가게들이 모습을 드러낸다.

01 상품의 진열 등 내부 인테리어가 인상적인 파펠로테의 모습
02 보알라의 깔끔하게 정돈된 회의실 겸 쇼룸
03 파피르나의 가격표

파펠로테

파펠로테는 구시가지를 둘러싸고 있는 신시가지 Nové Město 의 서쪽 끝에 위치해 있는데, 한적한 골목 사이에 있어 조금은 찾기 어렵다. 체코의 전통적인 감각에 현대적인 감성을 덧입힌 문구를 생산하는 파펠로테는 노트, 포장지, 필통, 북커버, 펠트 제품 등을 판매하고, 제품들은 대부분 심플하면서도 특유의 매력이 있다. 2010년에 처음 문을 연 파펠로테는 2011년 체코 디자인 아카데미에서 수여하는 체코 그랜드 디자인상을 수상하기도 했으며, 대부분의 제품들이 친환경적인 재료로 만들어진다고 한다.

파펠로테에 들어서면 목제 바닥과 가구, 아이보리색 벽이 자아내는 편안함 속에 가지런히 놓은 각양각색의 노트, 깔끔하게 포장된 종이 소품, 파스텔 톤의 문구 제품들을 만날 수 있다. 그중에서도 파펠로테의 종이 제품은 특별하다. 그 종이들은 단순한 기록의 도구가 아니라, 마치 이 공간에서 새 생명이 불어넣어진 듯 다양한 풍미와 향, 소리와 색까지 담고 있다.

파펠로테의 일부 공간은 스튜디오 역할을 겸하면서 특별한 고객들을 위한 한정판 제품을 만들곤 한다. 독특한 색감의 종이들과 그에 어울리는 체코다운 문구들을 살 수 있는 파펠로테. 귀엽고 깜찍한 캐릭터 문구도 좋지만 한 번쯤은 담백한 파스텔이 주는 편안함을 필통에 담아보자.

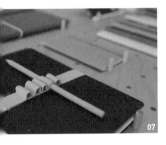

04 파펠로테에서 생산하는 제품들
05 정겨운 흑색 칠판으로 인테리어한 파펠로테 전경
06 코너마다 다양한 종이 제품들이 진열된 모습
07 파펠로테에서 판매하는 노트
08 다양한 종이 제품들이 진열된 매장 전경
09 파펠로테에서 판매하는 필기구

파펠로테(Papelote)
주소 Vojtěšská 241/9, 110 00 Nove Město
이용 시간 평일 11:00〜19:00, 일요일 12:00〜18:00
이용 가격 제품에 따라 상이, 50 CZK 이상, 플래너나 다이어리 종류는 300〜400 CZK
웹사이트 www.papelote.cz

보알라

프라하 7구에 있는 예쁜 문구점 두 곳 중 하나가 보알라다. 파벨 쿨리슈타크 Pavel Kulišták 과 블랑카 쿨리슈타크 Blanka Kulišták 부부 그리고 그들의 다섯 명의 아이들과 직원들이 함께 운영하는 이 공간의 이름 보알라 Voala 는 '와우!'라는 의미의 프랑스어 Voilà를 체코식으로 표현한 것이다. 보알라는 그래픽 스튜디오인 동시에 종이 디자인 회사다. 그래픽 디자인에서 바인딩까지의 프로세스를 완성하며, 매해 그들만의 컬렉션을 만들어내고 있다. 아이폰과 IT 기술에 집중하는 현대인들을 아날로그로 다시 불러오고 싶다는 그들은, 종이의 디자인뿐만 아니라 질감과 색깔, 종이에 담긴 이야기를 통해 고객들에게 새로운 경험을 선사하고자 한다.

보알라를 운영하는 부부에게 종이는 디자인을 구현하는 '공간'이다. 아이디어가 종이로 구현되고, 하나의 제품이 완성되는 순간 그들의 소임은 끝난다. 14년째 참가하는 디자인블록Designblok 행사에서 이젠 자신들이 가장 나이 든 축에 속한다며 한탄하던 블랑카는 사실 그 점을 가장 자랑스러워했다. "우리는 새로운 패션 디자인을 종이에 구현할 뿐입니다. 종이에 새로운 경험을 담고 싶었고, 그 경험을 한 사람들이 이제 저희와 함께하고 있지요."

10 책 제본에 사용되는 여러 도구가 놓인 보알라 쇼룸
11 검은색 포스터가 붙어 있는 보알라 내부 모습
12 보알라 외부에서 본 입구
13 보알라에 진열된 다양한 샘플들
14 각종 샘플들과 재단 작업을 할 수 있는 테이블

 보알라(Voala)
주소 Dobrovskeho 553/8 170 00 Praha 7-Letná
이용 시간 평일 09:30~17:30
이용 가격 제품에 따라 상이, 홈페이지 참조
웹사이트 www.voala.cz

파피르나

프라하 7구에는 보알라 말고도 종이에 애정을 품고 자신들만의 이야기를 써내려가는 가게
가 하나 더 있다. 문구를 좋아하는 이들이라면 꼭 찾아야 하는 이곳은 81년생 두 디자이너
미할 코웁스키 Michal Koubský 과 야로미르 코우베크 Jaromír Koubek 가 운영하는 파피르나다. 파피
르나는 디자인 브랜드이자 문구 전문점이다. 프라하 7구의 홀레쇼비체에 2014년 문을 연 이
래, 파피르나는 두 디자이너의 창작 공간이자 다양한 사람들로부터 사랑받는 문구 전문점으
로 자리 잡았다.

15 파피르나의 간판
16 파피르나 제품이 진열된 모습
17 상점 로고를 활용한 제품
18 가판대에서 바라본 매장 전경
19 파피르나에서 판매하는 제품들

파피르나의 제품들은 보알라보다 조금 더 트랜디하고 대중 친화적이다. 친환경 용지로 제작된 앨범과 노트북, 스케치북과 폴더 등 다양한 제품이 36색 파스텔 톤 색감을 품고 고객들을 맞이한다. 파피르나는 문구점이자 회사로서의 역할을 충실히 하며, 고객들에게 더욱 가까이 다가가려 노력하고 있다. 그들의 '종이관'이 궁금하다면 프라하 7구의 쇼룸에 찾아 제품을 둘러보기를 추천한다.

파피르나(Papirna)
주소 Františka Křižka 1133/8 170 00 Praha 7-Letna
이용 시간 평일 10:00~19:00, 토요일 14:00~18:00
이용 가격 제품에 따라 상이, 홈페이지 참조
웹사이트 www.papirna.cz

프라하 장난감 가게
후고 호디 보스

후고 호디 보스는 체코의 장난감 가게다. 체코에서 디자인되고 생산되었으며 친환경 재료로 만들어진 장난감, 훌륭한 장인 정신으로 만들어진 장난감, 유쾌하면서도 동시에 교육적인 장난감들을 취급하고 있다.

체코는 전통과 현대가 공존하는 나라다. 오랜 공산주의의 지배에도 명맥을 잃지 않은 모라비아의 가곡들과 민중의 삶을 노래했던 인형극 마리오네트, 성대한 크리스마스 마켓 등은 오래된 건축물과 함께 체코의 낮과 밤을 지킨다. 체코의 장난감들 또한 전통을 이어오고 있지만 최근 몇 십 년은 빛을 발하지 못했다. 하지만 그 전통을 현대적으로 써내려가는 공간이 있으니, 바로 프라하 1구에 위치한 후고 호디 보스 Hugo chodi bos, 체코 장난감 가게다.

01 다양한 목제 장난감들

03 그림책과 아기자기한 아동용품들
04 귀여운 그림과 함께 색색의 제품이 진열된 모습
05 어린이용 식기
06 다양한 그림책들
07 전시된 모빌 장난감
08 앤티크한 자동차 장난감

세계화로 인해 중국과 세계 각지에서 물밀듯이 들어오는 총천연색의 플라스틱 장난감들에 체코의 낡은 장난감들은 상당 부분 그 자리를 내줬다. 하지만 의외로 20세기에 세계에서 선전한 체코의 장난감과 캐릭터 상품들이 있는데, 스톱 모션 퍼핏 애니메이션인 패트와 매트 Pat a Mat, 두더지 인형 크르텍Krtek 이 특히 유명하다. 또한 프라하 시내에는 영국계 장난감 가게 햄리스Hamleys, 1998년에 설립된 체코의 유명 장난감 브랜드 스파키스Sparkys 같은 장난감 가게들이 있다. 이처럼 유명한 캐릭터와 다양한 장난감 가게들이 있는 체코에서 후고 호디 보스는 가장 특별한 장난감들을 선보이고 있다.

후고 호디 보스에서는 다양한 체코 전통 장난감들을 직접 체험할 수 있다. 고객들은 장난감 가게에서 유년의 기억들을 떠올리고, 체코의 젊은 아티스트들이 만든 책들과 장식, 조립 완구와 퍼즐, 어린이옷 등을 구입할 수 있다. 후고 호디 보스는 클래식한 체코 전통 장난감뿐만 아니라 보드 게임과 교육적인 현대 장난감들 또한 판매한다. 대량생산의 천편일률적인 장난감 가게들에서 벗어나, 후고 호디 보스가 들려주는 체코의 빈티지 장난감들의 이야기에 귀 기울여보는 건 어떨까.

후고 호디 보스(Hugo chodi bos)
주소 Řeznická 1374/12, 110 00 Nové Město
이용 시간 평일 10:00~18:00
이용 가격 제품에 따라 상이, 250 CZK~3,000 CZK, 홈페이지 참조
웹사이트 www.hugochodibos.cz

프라하의 향기

인그리디언츠

프라하에서 가장 다양한 향수를 체험하고 구입할 수 있는 곳. 쇼핑의 막바지를 특별한 사람들을 위한 니치 향수로 마무리해보는 건 어떨까.

구시가지에서 북쪽으로 일직선을 이루는 파르지슈스카 Pařížská 거리는 명품 매장이 밀집한 프라하의 쇼핑 거리다. 까르띠에와 디올, 구찌와 루이비통 등, 영화 〈티파니에서 아침을〉에서 오드리 햅번이 꿈꿨을 법한 가게들이 모여 있다. 구시가지와도 가까워서 낮엔 항상 복작복작한데, 밤이 되면 가게에 진열된 반짝이는 주얼리들과 가방, 신발들이 도시의 어둠을 빛낸다.

파르지슈스카 거리를 가로질러 유대인 지구가 펼쳐져 있고, 그 너머로 체후프 다리 Čechův most 를 건너면 레트나 공원이 나온다. 그 길목에 조그만 유대인 성당 시나고그들이 있고, 그 사이에 향수에 관심이 있는 이들이라면 한 번쯤은 꼭 방문해야하는 가게, 인그리디언츠 Ingredients 가 있다. 프라하만의 화장품과 향수를 찾는 이들에게 인그리디언츠는 참 적절한 공간이다. 인그리디언츠는 쇼핑을 좋아하는 이들이라면 반드시 찾는 파르지슈스카 거리 한복판에서 섬세하고 현대적인 향수와 화장품을 선보인다.

01 인그리디언츠 외관
02 인그리디언츠에서 판매하는 캔들
03 심플한 인테리어의 인그리디언츠 매장
04 인그리디언츠에서 판매하는 향수 제품들

05

06

05 인그리디언츠에서 판매하는 다양한 니치 향수
06 매장 한쪽에 구비된 바디 제품들
07 인그리디언츠 진열대 모습
08 지하에 있는 화장품 코너

07

Maison Francis Kurkdjian

크고 조용한 인그리디언츠 매장은 한국에서 쉽게 접하기 힘든 향수들과 캔들 그리고 화장품
들을 보유하고 있다. 그중에서도 인그리디언츠가 보유하고 있는 향수 컬렉션은 꽤나 다양한
데, 예를 들면 바이레도 Byredo, 꼼 데 가르송 Comme des Garcon, 로랑 매조니 LM Parfums, 이스뜨
와 드 파퓸 Histoires de Parfums, 이센트릭 몰리큘스 Escentric Molecules, 보아디케아 더 빅토리어스
Boadicea the Victorious 등의 니치 향수들이 그렇다.

루카스 로스코트 Lukáš Loskot 와 야쿠브 콥차크 Jakub Kopčák 가 만든 이 부티크는 유럽에서 가장
트렌디한 향을 선보이며, 방문객들은 후각의 향연 속에서 자신만의 향수를 발견할 수 있다.
인그리디언츠에서는 미용 치료를 병행하고, 특별한 마사지 프로그램과 아로마테라피를 제
공하기도 한다. 2012년 문을 연 이래 끊임없이 체코의 화장품 시장을 개척해왔고, 새롭게
해석되고 있는 니치 향수와 캔들, 화장품 라인으로 프라하 사람들을 사로잡았다. 인그리디
언츠가 '재료'를 뜻하는 단어에서 왔듯, 다양한 제품들의 공통 분모는 가장 좋은 품질의 원료
일 것이다.

인그리디언츠(Ingredients)
주소 Maiselova 41/21, 110 00 Josefov
이용 시간 평일 11:00~19:00, 토요일 11:00~18:00
이용 가격 제품에 따라 상이, 1,000 CZK 이상, 고가의 향수와 스킨 케어 제품, 홈페이지 참조
웹사이트 www.ingredients-store.cz

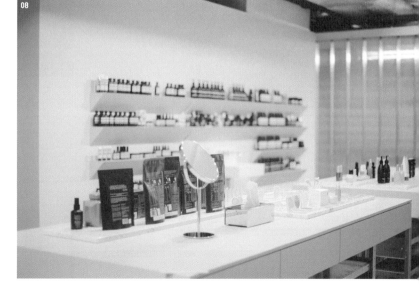
08

레논 벽 옆의 로컬 아트숍
아티제메

레논 벽 옆으로 조그만 아치형 문을 지나면 커다란 정원과 함께 트렌디한 아트숍이 나온다. 2018년 8월에 문을 연 이 공간은 젊은 아티스트들의 예술 플랫폼이자, 보헤미아 예술을 살리기 위해 만들어진 로컬 아트숍이다.

체코에서 가장 합리적인 사치를 표방한다는 아티제메 Artisème는 체코 디자인과 대중을 연결해주는 지점을 자처한다. 이 공간은 세계에 점차 그 진가를 알리고 있는 체코 디자인을 전체적으로 소개하는데, 컵과 주얼리 제품부터 유리와 도자기 제품, 보헤미안 크리스털까지 다양한 제품들이 아티제메에서 대중들에게 소개되고 있다.

아티제메가 취급하는 물품들은 유명 디자이너의 제품부터 체코 움프룸대학교 학생의 작품까지 다양하다. 아티제메는 너무 호화롭거나 힙스터적이지 않은, 어느 한 쪽에 치우치지 않으면서 누구나 향유할 수 있는 디자인을 소개하는데, 애초에 이 플랫폼을 만든 그룹이 체코와 베트남, 독일과 투르크메니스탄 등 각국 젊은이들의 모임이었기 때문에 가능했을지도 모른다.

01 아티제메의 정원
02 레논 벽의 벽화가 넘나드는 아티제메 간판
03 아티제메 매장에 진열되어 있는 유리와 도자기 제품들

02

03

아티제메는 공산주의 정권 시절, 시민들이 자유를 부르짖었던 레논 벽Lennonova zed 바로 옆에 있으면서 체코의 가장 역사적이고 중요한 순간을 디자인 제품들로 표현해내고 있다. 레논 벽 뒤에 있는 커다란 정원에선 여름 영화제가 열리기도 한다. 이는 아티제메가 단순한 디자인 가게가 아닌, 디자이너들과 예술가들이 머물거나 대중과 함께 소통하는 공간의 역할을 수행하고 있음을 보여준다.

'보헤미아Bohem 의 장인Artisan'이라는 의미의 아티제메는 범람하는 국제 디자인 분업 시대에서 보헤미아 디자인의 전통 회복을 꿈꾸고 있다. 레논 벽을 찾는 수많은 관광객을 지나쳐 벽에 그려진 낙서들 옆으로 조그맣게 난 문을 열고 들어서면 나오는 로컬 아트숍. 아티제메에서 체코 디자인의 단순함부터 사치스러움까지 눈으로 좇다가, 잠시 쉬고 싶을 땐 바로 옆 정원에 앉아 풍경을 눈에 담아도 좋겠다. 정원 한쪽에 위치한 800년 된 나무는 모차르트가 자주 앉아 악상을 떠올리던 나무라 한다. 그의 예술적 영감을 받아 체코 디자인을 탐험해보는 건 어떨까.

아티제메(Artisème)
주소 Velkopřevorské nám. 4, 118 00 Malá Strana
이용 시간 월요일~목요일 10:00~18:30,
금요일~일요일 09:30~19:00
이용 가격 제품에 따라 상이
웹사이트 www.artiseme.com

04 아티제메의 조명과 도자기 제품들
05 제품이 진열된 아티제메 매장 내부
06 존 레논 벽을 심볼화한 옷과 소품
07 도자기 제품으로 진열한 테이블
08 아티제메의 입간판

01 각종 디자인 제품이 진열된 첵디자인 매장 전경

일상과 예술 사이
첵디자인

첵디자인은 디자이너들이 제품을 판매하는 데 도움을 주고, 그들의 작업을 잡지를 통해 소개하며, 작가와 작품 그리고 작품과 대중을 이어주는 역할을 하는 디자인 매장이자 단체다.

첵디자인 CZECHDESIGN Design Gallery & Shop 은 종이 가게 파펠로테 옆에 위치한 조그만 디자인 스튜디오이자 디자인 전문 단체다. 단체로서의 첵디자인은 체코에서 가장 큰 디자인 콘테스트를 개최하고 잡지 〈첵디자인 매거진 CZECHDESIGN Magazine〉을 발간하며, 각종 교육 프로그램과 컨설팅을 진행한다. 첵디자인은 신시가지에 위치한 스튜디오 겸 갤러리를 통해 체코 작가들의 흥미로운 작품을 전시하거나 판매하고 워크숍을 진행한다.

02 첵디자인 매장 외부 모습

쳌디자인 홈페이지에는 이런 글이 올라와 있다. '우리는 좋은 디자인이란 일상에서 겪는 문제를 해결하고, 삶의 수준을 높이며, 개인들의 구체적인 욕구를 존중하는 것이라고 믿습니다. 쳌디자인은 비정부 단체로서 대중과 산업 전반에 디자인에 대한 영감을 불어넣고, 디자이너들과 협업을 진행하는 역할을 합니다. 이러한 일상과 디자인의 연결이 모든 이들에게 이득이 되리라 믿어 의심치 않습니다.'

2003년에 설립된 쳌디자인은 디자인 학생들의 헌신과, 디자인이 일상을 바꿀 수 있다는 낙관론자들의 노력으로 현재의 자리에 설 수 있었다. 쳌디자인은 체코 디자이너에게 우산과 같은 역할을 하며, 디자이너들이 대중에게 작품을 내보여 판매하고, 각자의 디자인을 공유하는 플랫폼 역할을 충실히 수행하고 있다. 어느새 120개가 넘는 브랜드와 협업하면서 40개가 넘는 콘테스트를 개최했고, 이를 통해 디자인을 일상에 투영하고자 노력한다.

신시가지에 위치한 쳌디자인 갤러리는 블타바강에서 도보로 5분 거리에 있다. 젊은 작가들과 현대 디자인에 초점을 맞춘 전시 프로그램을 진행하며 프레젠테이션, 워크숍의 공간으로 쓰이기도 한다. 갤러리는 그렇게 넓은 편은 아니지만 체코 디자인의 맥락과 결을 읽을 수 있다는 점에서 관심 있는 이들의 방문을 권한다. 더 많은 상품을 구경하고 싶다면 쳌디자인의 웹 사이트도 꼭 방문해보자.

03 전시 중인 쳌디자인 모습
04 쳌디자인 입구
05 제품 설명 모니터가 있는 카운터
06, 07 쳌디자인의 진열대 모습

체코디자인(CZECHDESIGN Design Gallery & Shop)
주소 Vojtěšská 3, 110 00 Nové Město
이용 시간 평일 12:00~19:00
이용 가격 제품에 따라 상이, 200~3,000 CZK
웹사이트 www.czechdesign.cz

01 의류 및 소품으로 진열된 닐라 스토어 내부

02 라탄 소재의 소품으로 꾸민 매장 전경

가장 로컬적인 편집숍

닐라 스토어

비노흐라이디 지역에 있는 닐라 스토어의 넓은 매장에 들어서면 신발부터 일상용품까지 다양한 슬로패션 제품을 만날 수 있다. 가장 로컬적인 편집숍, 닐라 스토어에 들러보자.

현대 의류의 흐름인 패스트패션 fast fashion 은 최신 유행을 선도하면서 저가의 의류를 짧은 주기로 선보인다. 패스트패션 업체들은 모두 프라하의 중심가에도 자리 잡고 있는데, 사실 한국이나 프라하나 생산 라인과 컬렉션이 비슷해, 약간의 가격 차이와 몇 종류의 제품 말고는 크게 다를 바 없다. 일회용품처럼 쉽게 버려지는 패스트패션의 대척점에 선 의류로 슬로패션 slow fashion 이 있다. 슬로패션을 추구하는 각 브랜드가 지향하는 지점은 서로 달라도, '질'과 '친환경'을 생각한다는 데서 공통분모를 찾을 수 있을 것이다.

03 진열된 액세서리들과 리빙 제품

닐라 스토어 NILA store 는 독립적인 패션숍이자, 자연 친화적인 디자인을 추구하는 슬로패션 브랜드들을 소개하는 편집숍이다. 프라하 비노흐라디에 위치한 큰 규모의 닐라 스토어 매장 외에도 아동용품점인 닐라 키즈가 있고, 프라하 동쪽 칼린에도 매장을 하나 더 보유하고 있다. 닐라 스토어가 소개하는 150개의 브랜드는 독일과 프랑스 등 전 세계에서 추려낸 가치 있는 소비를 지향하는 매력적인 제품들이다.

모든 제품들은 공정한 환경에서 자연스러운 제작 과정을 거쳐 만들진다. 매장에선 주로 슬로 패션의 옷과 고품질의 액세서리, 일상용품 등을 판매하고, 채식주의자를 위한 비건 제품들, 유기농 화장품, 공정무역 제품들을 소개하기도 한다. 그 밖에 캔들, 문구, 소품들이 공간을 점유하고 있어, 쇼핑 자체를 하나의 경험으로 삼아 제품들을 체험할 수 있다.

다른 공간들처럼 닐라 스토어도 온라인 사이트를 운영하는데, 오프라인 매장에 없는 제품들은 온라인으로 구매가 가능하며 체코 내에선 배송비가 무료다. 닐라 스토어가 취급하는 브랜드로는 독일의 신발 브랜드 버켄스탁, 체코 화장품 브랜드 메라키, 북유럽 브랜드 인테리어 힙쉬 등 150개가 있으니 공간을 찾기 전에 온라인으로 미리 제품을 확인하고 방문하는 것도 한 방법이다.

04 다양한 종류의 상품이 진열된 닐라 스토어 매장 전경
05 소품 및 액세서리가 진열된 모습
06 쇼윈도에 진열된 가죽 제품들
07 다양한 제품으로 꾸며진 매대
08 제품이 한눈에 보이는 닐라 스토어 매장 모습

닐라 스토어(NILA store)
주소 Korunní 806/91, 130 00 Praha 3-Vinohrady
이용 시간 평일 09:00~19:30, 토요일 09:00~19:00,
일요일 10:00~18:00
이용 가격 제품에 따라 상이, 홈페이지 참조
웹사이트 www.nila.cz

THEME 4.
TASTE

연간 개인당 맥주 소비량 세계 1위, 맥주의 천국 체코에는 맥주만큼이나
맛있는 먹을거리도 많다. 다른 유럽 국가들과 문화를 공유해왔기에 고유
한 음식 문화가 그리 발달하진 못했지만, 그 중첩된 문화 사이에서 전통을
발굴해내고 그것을 현대적으로 재해석한 음식점들이 가득하다. 갓 따른
체코 맥주 한 잔에 체코식 소시지 클로바사와 프라하 햄을 곁들이는 것보
다 행복하게 프라하를 즐기는 방법이 또 있을까.

프라하 7구의 동네 카페

오우키 도우키

오우키 도우키는 관광지와 떨어져 있어 손님의 80퍼센트가 동네 거주민
이라고 한다. 오전 여덟 시에 문을 여는 카페에 앉아, 프라하 7구가 자신
의 삶 자체라는 주인 할아버지가 만들어주는 부리토를 먹으며 특별하지
만 조용한 아침 식사를 해보는 건 어떨까.

프라하 7구에는 유명 관광지보다 일상적인 갤러리나 공원들
이 많아 여행자들의 발걸음이 뜸한데, 이 때문에 주로 현지
인이나 외국인 거주자들이 공간들을 점령하곤 한다. 특히
이른 아침에 문을 여는 카페에 가면 한가롭게 아침 식사를
하거나 조용히 앉아 책을 읽는 주민들을 흔히 볼 수 있다.
오우키 도우키Ouky Douky Coffee는 그 카페들 중에서도 가장 오
래된 곳으로, 프라하 7구의 터줏대감 역할을 하고 있다.

01 내부에 진열된 책들
02 카페의 바 테이블
03 카페 내부의 볕 잘 드는 자리

03

04

2000년에 문을 연 오우키 도우키는 커피와 책을 주로 취급하는 카페다. 오우키 도우키는 주인 할아버지의 프랑스 친구가 지어준 이름으로, 영어 오기도키Okey-dokey가 무난한 긍정과 승낙을 의미하듯 모든 게 잘될 거라는 의미로 지었다고 한다. 카페는 봄이면 넓은 길에 탁자와 의자를 여럿 내놓고 볕을 즐기고자 하는 손님들에게 자리를 내주는데, 원체 아침이 조용한 프라하 7구인 데다가 카페가 트램 노선과 한 골목 정도 떨어져 있어 아주 한가롭게 앉아 커피를 마시며 책을 읽을 수 있다. 내부에는 바 테이블과 단체석이 여럿 있는 메인 홀, 2만 권의 책이 가득 들어찬 책방 공간이 있다.

05

프라하 7구에서 나고 자라 이 카페를 19년째 운영하는 주인 할아버지는 오우키 도우키의 매력이 공간 자체의 분위기에 있다고 한다. 너른 창으로 들어오는 볕은 오래된 책 위에 쌓인 먼지를 선명히 비추고 적갈색의 가구들 위로 조용히 내려앉는다. 흘러나오는 조용한 클래식이나 옛 노래들은 공간을 부드럽게 감싼다. 오우키 도우키는 프라하 7구에서 가장 오래된 카페 중 하나다. 최근엔 문을 닫았지만, 프라하의 또 다른 전설적인 북카페 유니재즈Unijazz와 비슷한 분위기로 책과 커피의 조화 속에 평화로움을 선사한다.

오우키 도우키가 커피와 책을 위한 공간이다 보니 브런치를 먹으며 책을 읽을 수 있고, 벨벳맥주Staropramen Velvet나 필스너 우르켈Pilsner Urquell을 마시며 한낮의 나른함을 즐길 수도 있다. 카페에서 제공하는 다양한 국적의 브런치는 단순히 주인 할아버지가 좋아하는 음식들이다 보니, 뜬금없이 메뉴로 멕시코식 부리토가 나오기도 한다. 하지만 대부분은 먹기에 깔끔한 음식이 나오는 편이고, 커피나 맥주와도 잘 어울린다. 오늘의 아침 식사는 오우키 도우키에서 책과 함께 즐겨보는 건 어떨까.

오우키 도우키(Ouky Douky Coffee)
주소 Janovského 1118/14, 170 00 Praha 7-Holešovice
이용 시간 매일 08:00~24:00
이용 가격 아침 메뉴 100~150 CZK, 샌드위치 100 CZK, 와인/맥주 46~76 CZK
웹사이트 www.oukydouky.cz

04 오우키 도우키 카페 내부 전경
05 볕이 드는 카페 입구
06 오우키 도우키의 커피
07 카페 창가의 구석진 자리
08 오우키 도우키 외부 코너 전경

01 도브라 트라피카 외부 테라스

02 카페 브 쿠프루의 외부

비노흐라디의 일상 카페

카페 브 쿠프루, 도브라 트라피카

프라하 중심지에서 조금 벗어난 곳에 있는 비노흐라디 지역에는 수많은 카페와 펍들이 있는데, 대부분 현지인들과 여행객들이 공존하며 공간을 일구어나간다. 그중에서도 가장 일상적인 프라하 풍경을 담은 카페를 꼽으라면 카페 브 쿠프루와 도브라 트라피카를 꼽겠다.

프라하는 흔히 하루, 길어도 사흘이면 다 둘러볼 수 있다고 하는데, 사실 그렇게 보는 풍경은 수박 겉핥기에 지나지 않는다. 유명한 관광지야 며칠이면 충분하지만, 가장 프라하답고 일상적인 풍경을 온전히 다 마주하기란 몇 년으로도 부족하다. 기실 가장 프라하다운 모습은 관광지에서 멀리 떨어진 동네 카페들에서 찾을 수 있다. 조그만 거리의 카페들은 봄이면 안뜰의 테라스를 열고, 여름이면 한적했던 길에 야외 테이블을 펼쳐 놓는다. 프라하의 일상이 녹아 있는 프라하의 동네 카페들, 카페 브 쿠프루 Kafe v Kufru 와 도브라 트라피카 Dobrá Trafika 의 풍경을 따라가 보자.

03 카페 브 쿠프루의 디보케 야블르코 사이다

04 카페 브 쿠프루의 여름 정원
05 빈티지한 카페 브 쿠프루의 입구
06 카페 브 쿠프루의 바 테이블
07 커피와 같이 먹을 수 있는 다과
08 북한 사진전이 열리는 카페 브 쿠프루 내부 풍경

카페 브 쿠프루

카페 브 쿠프루는 비노흐라디 한복판에 있다. '슈트케이스 가방 속 커피'라는 뜻의 이 카페는 열린 거실을 표방하는 공간이다. 카페에는 여행 가방들이 가득하고, 모두에게 열린 공간임을 보여주듯 포근한 분위기의 가구들과 인테리어가 눈을 사로잡는다. 체코 사람들이 주말이나 여름 휴가를 보내곤 하는 작은 집 형태의 코티지^{Cottage} 느낌이 나는 이곳은 아이와 어른, 강아지와 고양이 등 모두가 즐길 수 있는 공간이다.

카페는 베르나드 맥주와 모라비아 와인들, 그리고 작은 양조장에서 만든 사이다 등을 판매하는데, 베르나드 맥주와 디보케 야블르코 Divoké Jablko 사이다 맛이 단연 뛰어나다. 카페는 2016년에 문을 열어 다음 해 새로운 주인을 맞이했는데, 프라하 토박이인 새 주인에게 동네 카페는 그 무엇과도 바꿀 수 없는 소중한 장소라고 한다. 카페 브 쿠프루에서 프라하 동네 카페의 일상을 살짝 엿보는 건 어떨까.

 카페 브 쿠프루(Kafe v Kufru)
주소 Moravská 10, 120 00 Praha 2-Vinohrady
이용 시간 매일 12:00~23:00
이용 가격 크레페 32~76 CZK, 아이스크림 69 CZK, 맥주 37~180 CZK

08 도브라 트라피카 외부 전경
09 신문, 와인, 담배 등을 파는 도브라 트라피카 내부 가판대
10 창밖으로 보이는 외부 테라스
11 아늑한 분위기의 도브라 트라피카 내부
12 도브라 트라피카 창가 풍경
13 도브라 트라피카 와인 가판대

도브라 트라피카

비노흐라디에는 카페 브 쿠프루 말고도 많은 카페가 있지만, 그중에서도 가장 오랫동안 이 지역의 사랑방 역할을 하는 곳이 '좋은 신문 가게'라는 뜻의 도브라 트라피카다.

2000년 처음 문을 연 도브라 트라피카는 종합 잡화점 겸 카페다. 아기자기한 물건들로 둘러싸인 이곳은 신문 가게, 잡화점, 와인 가게, 카페, 정원, 갤러리, 콘서트장을 아우르는데, 손님들도 각각의 다양한 목적을 품고 카페를 방문한다. 도브라 트라피카는 목제 가구와 전구색 조명이 아늑하고, 조그만 정원에서 가만히 앉아 볕을 쬐기에도 매력적인 공간이다. 카페에 들러 일상의 소중함을 경험해보자. 사실 프라하의 일상은 그리 먼 데 있지 않다.

 도브라 트라피카(Dobrá Trafika)
주소 Korunni 1174/42, 120 00 Vinohrady
이용 시간 평일 07:00~23:00, 토요일 08:00~23:00,
일요일 09:00~23:00
이용 가격 커피 35~67 CZK, 맥주 30 CZK, 와인 26~38 CZK

복작복작함 속의 안온함
스카우트스키 인스티튜트

복작복작한 구시가지 한복판에 너른 테라스를 가진 카페가 하나 숨어 있다. 간판 하나 없는 미로 속의 로컬 카페, 스카우트스키 인스티튜트는 가장 이상적인 공간에 있는 일상 공간이다.

01 카페 창밖으로 보이는 구시가지 풍경
02 내부 테라스에 놓인 테이블들
03 볕이 잘 드는 카페 내부 전경

03

프라하에 처음 오는 이들에게 구시가지에 있는 펍이나 식당은 피하라는 충고를 건네곤 한다. 구시가지의 틴 성당, 성 니콜라스 성당, 그리고 정교한 천문시계를 보는 것은 충분히 값진 일이지만, 그 아름다운 풍경을 둘러싸고 있는 가게들은 대부분 터무니없이 비싸서 현지인들은 잘 찾지 않는다. 하지만 구시가지에도 방문하기 괜찮은 공간들이 몇 곳 있다. 아니 사실, 프라하에서 가장 괜찮은 공간이라 말할 수 있는 스카우트스키 인스티튜트 Skautský Institut 가 있다.

04

05

06

04 카페의 카운터 및 오픈 키친
05 햇빛이 잘 드는 카페 창가 자리
06 카페에서 판매하는 케이크
07 카페 테이블에 놓인 잡지
08 카페 내부 풍경

07

카페 겸 바, 스카우트스키 인스티튜트는 조용하고 평화로운 분위기를 간직하고 있다. 구시가지 중심에 있음에도 관광객들에게 알려지지 않았던 건 조그만 건물 안에 숨겨져 있기 때문으로, 다양한 스낵과 합리적인 가격의 음료, 맥주, 와인, 커피 등을 판매한다. 천문시계에서 카를교 방향으로 3분만 걸으면 나오는 스카우트스키 인스티튜트는 외부로 간판도 내걸지 않아 찾기 쉽지 않지만, 한 번 찾으면 그 매혹적인 분위기에서 쉽게 헤어나올 수 없다.

스카우트스키 인스티튜트의 뻥 뚫린 중앙정원엔 조그만 테이블들이 놓여 있다. 정원을 중심으로 각 층의 발코니가 이어져 있어 햇볕을 쬐거나 정원을 내다볼 수 있다. 발코니의 야외 좌석도 매력적이지만 카페로 이어져 있는 내부 좌석도 멋진데, 차분한 분위기의 목제 가구들 사이에서 넓은 창 너머로 프라하 시내를 바라볼 수 있기 때문이다.

스카우트스키 인스티튜트에선 구시가지에서 가장 합리적인 가격의 우네티츠케Uneticke 맥주와 모라비아산 와인, 그리고 다양한 가격대의 음료수, 직접 만든 케이크, 스낵, 진한 치즈가 녹아 있는 치즈 토스트까지 즐길 수 있다. 들어서는 순간 넓은 정원을 중심으로 미로가 펼쳐지는 공간, 스카우트스키 인스티튜트. 아름다운 미로에서 바라보는 풍경 사이로 당신이 찾는 프라하를 마주할 수 있을 것이다.

스카우트스키 인스티튜트(Skautský Institut)
주소 Staroměstské nám. 1/4, 110 00 Staré Město
이용 시간 월요일/목요일 13:00〜24:00, 화요일/수요일/금요일 13:00〜22:00, 주말 15:00〜22:00
이용 가격 커피 35〜45 CZK, 맥주 20〜30 CZK, 디저트 30〜90 CZK
웹사이트 www.skautskyinstitut.cz

한낮의 여유로움
스피지르나 1902

프라하 카페들은 대부분 거주지와 관광지 사이에 걸쳐 있는데, 그 평화로움과 번잡함의 혼재가 공간들의 매력이
아닐까 싶다. 스피지르나 1902는 그중 대중들의 사랑을 가장 많이 받는 카페다.

01 벽화가 인상적인 카페 내부 전경
02 카페 벽화와 카페 타이틀
03 카페에서 판매하는 케이크와 디저트

"스피지르나 1902 Spižírna 1902 의 철학은 단순합니다. 신선하고, 건강하고, 맛있는 음식을 준비하는 것이죠. 우리는 계절과 그날의 분위기에 따라 매일 메뉴를 바꾸고, 아침이면 가정식 레시피로 롤빵과 케이크를 만듭니다. 아주 풍성한 아침 식사와 주말의 브런치, 가벼운 점심, 육식주의자와 비건 모두를 위한 맛있는 카나페를 제공합니다. 스피지르나 1902에 방문해 가정에서 담근 레모네이드와 맛있는 커피, 그리고 와인과 맥주를 즐겨보세요."

처음 스피지르나 1902에 들어섰을 때 시선을 사로잡는 것은 특별한 디자인의 벽이었다. 나뭇잎으로 가득 찬 천장과 벽은 환상 속 세상에 온 듯한 느낌을 선사한다. 차분한 나무 벽과 흰색 의자들 위로 범람하듯 들어찬 나뭇잎 페인팅 아래 앉아 있으면 숲속에 앉아 있는 것 같은 기분이 든다.
스피지르나 1902는 프라하의 카페 중 인스타그램에서 가장 많이 회자되는 카페다. 총천연색의 벽뿐만 아니라, 신선한 제철 체코 음식을 접할 수 있기 때문이다.

카페의 이름인 스피지르나 Spižírna 는 '식품 창고'라는 뜻이고, 숫자 1902는 카페가 입주한 건물의 건축 일자인데, 카페 바닥을 가득 메운 흑백의 타일도 그 당시에 깔아놓은 것이라고 한다. 이처럼 오래된 건물은 현대적인 산업 디자인을 만나 인상적인 공간을 만들어내고, 이제는 수많은 비노흐라디 주민들이 찾는 명소가 되었다. 날이 풀리면 길가에도 탁자를 펴놓는데, 그곳에 앉아 한적한 교외 풍경을 바라보며 지나가는 트램을 구경하는 것도 소소한 재미다.

스피지르나 1902에선 계절에 따라 간단하고 신선한 음식들을 선보인다. 메뉴는 거의 매일 바뀌며, 카페 주인의 어머니가 직접 만든 마멀레이드나 꿀, 시럽이 들어간 체코식 빵은 참 따뜻한 맛을 낸다. 스피지르나 1902는 이르지호 즈 포데브라트 Jiřího z Poděbrad 트램역 근처에 있는데, 주변에 분위기 좋은 비노흐라디 카페들도 많으니 여유가 있는 날 들러 체코의 가정식 메뉴를 경험해보자.

 스피지르나 1902(Spižírna 1902)
주소 Korunni 86, 101 00 Vinohrady
이용 시간 평일 08:00~22:00, 주말 09:00~22:00
이용 가격 커피 45~80 CZK, 맥주 30~40 CZK,
와인 45~70 CZK, 요리는 평균 300 CZK(메인 코
스, 커피, 디저트는 매일 달라짐)
웹사이트 www.spizirna1902.cz

04 판매 중인 커피 제품들
05 카페에서 주문한 커피
06 판매 진열이 같이 되어 있는 카운터
07 벽화가 가득한 카페의 내부 전경

01

당신의 소소한 이야기

카페 뚜 바 비엔

체코 현지인들의 일상의 한 부분을 차지하는 한국 카페가 궁금하다면 카페 뚜 바 비엔으로 향해보자. 서툰 영어나 체코어가 아닌, 한국어로 주문해도 반갑게 웃으며 맞아줄 것이다.

누구나 한 번쯤은 외국에서 살아보는 꿈을 꿔봤을 것이다. 낯선 타인의 일상은 언제나 화려해 보이고, 가끔은 그 삶을 대신 살아보고 싶다는 생각을 한다. 아름다운 도시 프라하에서 한국인 소녀 둘이 카페 관리를 도맡고 있다. 바로 '모든 게 잘될 거야'라는 뜻의 프랑스어를 이름으로 삼은 카페, 카페 뚜 바 비엔Café Tout va bien 이다. 모든 일이 잘되길 바라는 마음으로 문을 연 이 카페는 반년 만에 동네에서 가장 특별한 공간이 되었다.

01 심플한 인테리어의 카페 뚜 바 비엔
02 창문 너머로 보이는 거리 모습
03 카페 뚜 바 비엔 내부 전경

카페 뚜 바 비엔은 프라하 지하철 A선의 플로라역 근처에 있다. 플로라는 관광객들이 잘 발걸음 하지 않는 지역인데, 근처에 관광지라곤 체코의 낭만주의 작곡가 안토닌 드보르자크 Antonín Leopold Dvořák 와 알폰스 무하가 묻혀 있는 올샤니 묘지 Olšanský hřbitov 그리고 프란츠 카프카가 묻혀 있는 신유대인 묘지 Nový židovský hřbitov 가 전부이기 때문이다. 그래서인지 플로라의 주거단지 속에 자리 잡은 이 카페는 더욱 특별하다. 조그만 공간에 덧입혀진 두 소녀의 미소는 어느새 체코 사람들에게도 밝은 웃음으로 전염되었다.

04 카운터와 음료 조리대
05 볕이 잘 드는 창가 자리
06 카페 뚜 바 비엔의 케이크와 커피
07 카페 뚜 바 비엔의 특별 음료 유자에이드
08 카페에 비치된 한국 서적들

카페 뚜 바 비엔이 문을 연 건 2019년 초였다. 대여섯 개의 테이블이 놓인 이 카페는 맛있는 커피와 유자차, 브라우니와 치즈케이크로 방문객의 입맛을 사로잡는데, 곳곳에 배치된 식물들과 아늑한 분위기가 그 맛을 배가시킨다. 잔잔히 흐르는 클래식이나, 카페 운영자가 직접 선곡하는 음악 방송 킴스팝스kimspops.com를 들을 수도 있다.

카페 뚜 바 비엔은 단순히 동네의 조그만 카페가 아닌, 체코인들에게 한국 문화를 알리는 공간이기도 하다. 서가 한쪽에는 한국의 문학책들, 한국어와 영어가 함께 적힌 한국 시집들이 꽂혀 있으며, 한국적인 맛인 유자를 이용한 음료 또한 주민들의 입맛을 사로잡고 있다. 느지막한 오후의 햇살에 기대어, 카페 뚜 바 비엔에서 시집을 뒤적거리는 건 어떨까.

카페 뚜 바 비엔(Café Tout va bien)
주소 130 00 Praha Slezska 482/125, 130 00 Praha
이용 시간 평일 08:30~18:30, 토요일 09:30~19:30
이용 가격 커피 45 CZK, 차 50~70 CZK, 에이드 65~75 CZK

낡은 일상 속의 화려함
카페 루브르

백 년이 넘는 역사를 간직한 채 여전히 프라하 사람들의 사랑을 받는 카페가 있다. 체코식 육회 타타락과 소고기 선지 수프, 베르나드 흑맥주와 커피가 맛있는 곳. 넓은 창문으로 프라하의 분주함을 내려다볼 수 있는 카페, 카페 루브르다.

프라하에 살면서 가끔은 관광객처럼 프라하를 낯설게 보고 싶을 때면 항상 향하던 공간이 있다. 오랜 역사와 화려한 장식으로 관광객을 모으며, 동시에 수많은 프라하 사람들에게 사랑받는 공간. 카페 루브르 Café Louvre 다. 1902년에 문을 연 이곳은 아인슈타인과 프란츠 카프카 같은 명사들이 시간을 보내던 장소로도 유명한데, 그 낡음은 넉넉한 프라하의 품에 안겨 지금까지 아름답게 이어져 내려오고 있다.

카페 루브르는 나로드니 Národní 거리에 있다. 트램 길 바로 앞의 2층에 자리 잡고 있는데, 멀리서도 아이보리색 벽에 진분홍 글자로 크게 쓰인 간판을 볼 수 있다. 넓게 펼쳐진 층계를 따라 2층에 오르면 아르누보 양식 인테리어로 꾸며진 공간이 펼쳐진다. 문을 열고 들어서면 마주하는 건 커다란 홀이다. 조그만 분수를 가운데 두고 오른쪽으로는 기념품 가게가, 왼쪽으로는 테라스와 방 그리고 주방이 있다. 기념품 가게를 지나면 나로드니 거리가 한눈에 내려다보이는 커다란 공간이 나오는데, 널찍한 창과 클래식한 구조가 인상적인 체코 제1공화국 시절의 카페가 그곳이다.

01 창가 자리가 있는 카페 루브르 내부

02 아르누보 양식이 인상적인 내부 전경

이곳에는 식당과 당구장, 여름 테라스, 벨 에포크 시대 분위기의 카페가 한 공간에 모여 있다. 그중 카페는 아침의 커피나 이른 오후의 맥주나 와인, 혹은 가벼운 브런치나 든든한 점심을 먹으러 나온 현지인들과 관광객들로 항상 북적인다. 카페에 가만히 앉아서 혼자만의 시간을 보내고 있노라면, 분주하게 오가는 직원들 사이로 한가함이 어우러지는 여행지 특유의 복합적인 느낌이 다가온다. 조용한 자리에서 간단히 식사하거나 책을 읽고 싶다면 주방 근처의 작은 방을 권한다. 창가 자리에서는 나로드니 거리의 수많은 관광객과 그 관광객을 온종일 실어 나르는 트램을 구경할 수 있다.

20세기 마지막 번영을 구가하던 합스부르크 제국의 풍경을 따온 것 같은 카페 인테리어는 백 년이 넘는 시간 동안 화려함을 그대로 유지하고 있다. 그 오래된 웅장함은 어느 정도 빛이 바랬지만 여전히 아름다워서 사람들의 발걸음을 끈다. 카페에 처음 들르는 이들에겐 체코식 육회인 타타락Tatarák과 베르나드 흑맥주Bernard Černý Ležák 12° 조합을 권한다.

카페 루브르(Café Louvre)
주소 Národní 22, 110 00 Nové Město
이용 시간 평일 08:00~23:30, 주말 09:30~23:30
이용 가격 메뉴에 따라 상이, 음식 100~300 CZK, 커피 40~60 CZK, 매일 11:00~15:00까지 런치 메뉴 제공
웹사이트 www.cafelouvre.cz

01 아담한 나세 마소의 내부 전경

프라하의 맛집을 가장 현명하게 즐기는 방법

칸티나, 로칼, 나세 마소

프라하 음식 문화를 선도하는 외식업 그룹 암비엔테는 현지인들의 입맛에 맞는 저렴한 음식부터 화려한 고급
요리까지 다양한 범주를 넘나들며 체코 요리들을 섭렵한다. 정육 식당 칸티나, 프라하 시민들의 안식처이자 펍
인 로칼, 스테이크와 육회 타타락으로 유명한 나세 마소 등은 암비엔테 소속으로 관광객과 현지인 모두에게 사
랑받고 있다.

토마스 카르피세크Tomas Karpisek을 빼놓고는 체코의 외식 문화를 설명할 수 없다. 체코의 유
명 맛집 투어 테이스트 오브 프라하Taste of Prague의 대표인 지마Honza Zima는 그를 체코 외식
계의 스티브 잡스라고 칭하는데, 체코 음식의 유행을 선도하는 외식업 그룹 암비엔테Ambiente
를 만든 인물이기 때문이다. 수제 버거가 특히 맛있는 칸티나Kantýna, 프라하에만 여섯 군데
지점을 두고 있는 세련된 전통 펍 로칼Lokál, 한국인들에게 엄청난 사랑을 받는 정육 식당 나
세 마소Naše maso는 모두 암비엔테 소속의 유명 식당이다.

02 프라하에서 내부 길이가 가장 긴 음식점, 로칼 들로우하의 내부 전경

03 칸티나 내부 모습

04

05

04 칸티나의 커다란 공유 테이블
05 소의 부위 설명이 디스플레이되어 있는 내부 전경
06 직접 고기를 고를 수 있는 카운터
07 칸티나의 시그니처 조각품
08 칸티나의 수제 버거

고기를 부탁해, 칸티나

칸티나는 암비엔테 소속의 체코 음식점으로, 동네 주점과 정육 식당을 재해석한 공간이다. 구시가지에서 10분 거리에 위치한 칸티나는 넓은 홀과 여럿이 모여서 마실 수 있는 거대한 바 테이블, 자신이 먹을 고기를 직접 고를 수 있는 정육점과 다양한 메뉴로 유명하며, 넓은 홀 한쪽에서 내오는 생맥주들 또한 꼭 마셔봐야 한다. 음식점에 들어서면 식사할 수 있는 세 개의 방과 스탠드업 바가 있는데, 항상 프라하 시민들과 관광객들로 가득 차 있어서 빈자리가 있으면 얼른 차지해놓고 볼 일이다. 음식점은 신선한 요리와 육즙이 묻어나는 수제 버거, 다양한 종류의 맥주로도 유명하지만, 자체의 인테리어도 관광객을 끌어당기는 데 한몫한다. 높은 천장과 화려한 부조는 뻥 뚫린 무도회장에 있는 듯한 느낌을 주는데, 이는 19세기에 국립은행이 있는 건물이었기 때문이다. 호화로운 샹들리에 아래에서 체코식 만찬을 즐겨보자.

칸티나(Kantyna)
주소 Politických vězňů 5, 110 00 Nové Město
이용 시간 매일 11:30~23:00
이용 가격 수제 버거 158 CZK, 맥주 55 CZK
웹사이트 www.kantyna.ambi.cz

가장 세련된 전통 술집, 로칼

프라하 맛집을 소개해주는 유명 유튜브 채널 어니스트 가이드 Honest Guide 를 운영하는 야네크 루베스 Janek Rubes 는 로칼을 가리켜 '프라하에서 가장 현지인 Local 처럼 먹을 수 있는 공간'이라고 평했다. 세련된 전통 술집 로칼은 온 가족이 즐길 수 있는 체코 음식 전문점이기도 하다. 로칼은 프라하에만 6개 지점을 두고 있는데, 프랜차이즈임에도 불구하고 현지인과 관광객 모두에게 사랑을 받는 몇 안 되는 음식점 중 하나다. 로칼은 아주 단순한 음식과 양질의 체코 맥주로 방문객들을 사로잡는다. 내부의 미니멀리스틱한 디자인은 낡아 보일 수 있는 목재의 분위기를 살려 안락함을 선사하고 정갈한 음식에 맛을 더한다. 로칼은 끊임없이 나오는 필스너와 코젤로도 유명한데, 맥주를 주문하면 종업원이 주문서 가득 그려져 있는 맥주 아이콘에 빗금을 그어 표기한다. 들로우하 거리에 있는 로칼 들로우하는 프라하에서 가장 긴 펍으로 알려졌다. 기다란 공간에 테이블이 빽빽이 들어차 있고, 정신없이 맥주를 나르는 종업원들 사이로 관광객들은 쉬지 않고 맥주를 마신다. 합리적인 가격의 프라하 햄에 곁들이는 필스너 우르켈 맥주 맛은 정말이지 환상적이다.

로칼 둘로우하(Lokál Dlouháááá)
주소 Dlouha 33, 110 00 Staré Mèsto
이용 시간 월요일~토요일 11:00~25:00, 일요일 11:00~24:00
이용 가격 스타터 100 CZK, 메인 메뉴 150~300 CZK, 맥주 40~50 CZK
웹사이트 www.lokal-dlouha.ambi.cz/en

09 맥주를 나르는 로칼의 종업원
10 로칼의 종업원이 맥주를 따르는 모습
11 육회 타타락과 필스너 우르켈 맥주
12 로칼에서 식사하는 손님들

체코식 수제 버거, 나세 마소

프라하 맛집을 인터넷으로 검색해본 사람이라면 나세 마소를 모를 수 없다. 나세 마소는 한국인들에게 특히 유명한 프라하 맛집인데, 물론 현지인들에게도 큰 사랑을 받고 있다. 항상 붐비는 나세 마소의 작은 공간은 맛있는 스테이크 냄새로 가득하다. 유리 진열대에 가득 담긴 고기들은 주문과 함께 햄버거나 체코식 육회 타타락으로 만들어지고, 방문객들은 맥주를 직접 따라 마시며 곧 나올 음식을 기다린다. 조그만 테이블을 차지하는 건 현지인에게도 어려운 일. 오래 기다린 사람만이 느긋이 앉아서 수제 버거를 즐길 수 있다. 너무도 유명하지만 거듭 추천할 수밖에 없는 나세 마소. 그곳의 햄버거는 정말 특별하다.

나세 마소(Naše maso)
주소 Dlouhá 727/39, 110 00 Staré Město
이용 시간 월요일~금요일 08:30~22:00
이용 가격 햄버거 200~250 CZK, 타타락 215 CZK, 맥주 50 CZK
웹사이트 www.nasemaso.cz

13 나세 마소에서 판매하는 소시지
14 나세 마소 내부 모습
15 빵과 소스가 디스플레이되어 있고 간단히 식사할 수 있는 내부 모습
16 나세 마소의 육회 타타락
17 나세 마소의 부엌

서늘한 골목의 일상
코코반카

보야노비 정원의 높은 벽 옆으로 그늘에 숨겨진 작은 카페가 있다. 은은한 나무 향에 마른 꽃이 조화롭게 어우러
진 이곳은 서늘한 골목의 일상을 책임지는 코코반카다.

번잡한 프라하 거리를 걷다가 조용함에 둘러싸이고 싶을 땐 프라하의 정원들로 향하자. 도
시의 10퍼센트가 녹지인 프라하에는 곳곳에 숲과 정원이 있는데, 그중 단연 색다른 곳은 보
야노비 정원 Vojanovy sady 이다. 말라 스트라나 한복판에 있는 이 정원은 카를교나 프라하성에
서 도보로 10분이 채 걸리지 않는데, 큰 규모에 비해 눈에 잘 띄지 않아 관광객들이 모르고
지나가는 경우가 많다. 보야노비 정원을 뛰노는 공작과 푸릇한 나무들, 정원을 둘러싼 낡은
벽과 그 너머의 하늘을 바라보며 만끽하는 휴식은 참으로 달콤하다.

보하노비 정원 바로 앞에 카페 코코반카 Cocovanka 가 있다. 코코반카는 스트르젤레츠키 섬에
도 조그만 밴을 개조한 카페 코코반을 운영하고 있다. 섬의 카페 코코반은 주변을 흐르는 블
타바강처럼 분위기가 활기차다면, 정원 앞 카페 코코반카는 가끔 무리 지어 지나는 관광객
을 제외하면 대개 정적인 편이다. 조용한 거리 우 루지츠케호 세미나레 U Lužického seminaře 에
있는 코코반카는 카페 앞에 가지런히 놓인 꽃들처럼 차분하고 평화롭다.

01 커다란 드림캐쳐가 걸려 있는 코코반카 입구
02 꽃 장식이 되어 있는 코코반카 간판
03 코코반카 내부에 있는 테이블
04 골목에서 본 코코반카 창가 꽃들

05 코코반카의 안락한 의자들
06 평일 오후의 한가함을 즐기는 사람들
07 코코반카의 내부 풍경
08 코코반카의 바

문간을 둘러싼 꽃들을 지나면 코코반카의 산뜻한 목제 문이 방문객들을 반긴다. 카페에 들어서면 시간이 느리게 흐르는 듯, 다정한 분위기의 공간이 펼쳐진다. 코코반카에선 부드러운 파스텔 톤의 벽과 가구들, 꽃병과 컵들이 서로 조화롭다. 햇살에 빳빳하게 마른 하얀 빨래처럼 따뜻한 햇볕과 꽃 내음이 풍기는 공간은 편안한 분위기를 선사한다.

예쁜 컵에 담겨 나오는 더블 에스프레소와 카푸치노는 분주한 일상의 풍경을 한 번에 씻어버린다. 너른 창 옆에 앉아 커피를 홀짝이며 지나가는 단체 관광객을 보고 있노라면 일상과 분주함의 경계에 선 기분이 들곤 한다. 카페는 꽃으로 장식된 케이크도 내오는데, 케이크와 함께 라벤더 레모네이드나 마살라 향을 첨가한 핫초코를 곁들여도 좋겠다. 서늘한 골목의 일상에서 분주함을 비껴내고 싶다면 코코반카로 향하자.

코코반카(Cocovanka)
주소 U Lužického semináře 34, 118 00 Malá Strana
이용 시간 매일 09:00~20:00
이용 가격 카푸치노 55 CZK, 플랫화이트 75 CZK, 에스프레소 49 CZK

프라하에서 맥주를 마신다면

비노흐라트스키 피보바르

비노흐라디 지역에서 소규모 브루어리 맥주의 풍미를 느끼고 싶다면 비노
흐라트스키 피보바르로 향하는 건 어떨까.

01 비노흐라트스키 피보바르 간판
02 양조장이 보이는 지하 1층 홀
03 소규모 맥주 양조장

체코에는 소규모 양조장이 많은데, 덕분에 관광객이라면 다
아는 필스너 우르켈과 코젤 다크 맥주 말고도 직접 만들어
파는 다양한 맥주가 있다. 양조장 대부분에선 프라하 시내
의 여러 음식점이나 펍을 통해 맥주를 납품하지만 시내에 펍
을 가지고 직접 맥주를 판매하는 곳들도 있다. 비노흐라디
에 있는 비노흐라트스키 피보바르 Vinohradský pivovar는 그중 하
나로, 비노흐라트스카 Vinohradská 11도 맥주와 12도 맥주를 주
력으로 프라하 라거 맥주에 풍미를 더하는 맥줏집이다.

비노흐라트스키 피보바르는 '비노흐라디 지역의 양조장'이
라는 뜻으로, 그 의미답게 비노흐라디에 새로운 소규모 브
루어리 문화를 선도하고 있다. 피보바르에 오면 직접 양조
하는 다양한 맥주를 마실 수 있는데, 11도와 12도 맥주는 청
량감이 있는 라거 맥주로, 11도가 좀 더 산뜻하고 가벼운 느
낌이라면 12도는 약간 캐러멜 향이 나며 맥아의 맛이 묵직하
다. 비노흐라디 지역의 유일한 양조장인 피보바르에서 생산
하는 다른 맥주들 또한 각각의 특징을 가지고 있으니 모두
한 번씩 맛보길 추천한다.

02

03

04

05

피보바르 입구에 들어서면 하얀 아치형 공간이 방문객을 반긴다. 동그란 터널 형태의 이 공간엔 항상 사람들의 웃음소리가 가득한데, 조금 조용한 분위기에서 맥주를 즐기고 싶다면 나선형 계단을 따라 지하로 내려가보자. 지하 1층으로 내려가는 계단 옆 커다란 유리 너머로 보이는 소규모 맥주 양조장에선 맥주가 양조되는 과정을 직접 볼 수 있다. 다만 문을 열 때 풍겨오는 그 시큼한 냄새는 예상보다 강할 수 있으니, 유리 밖에서 눈으로만 보는 편이 좋다. 아래층에는 커다란 이벤트 홀과 목제 테이블이 들어선 조용한 공간이 있다.

비노흐라트스키 피보바르는 비노흐라디 지역의 역사에서 큰 역할을 한다. 공간이 있는 건물은 1893년에 지어졌는데, 이곳에서 1894년 첫 맥주가 나왔다고 한다. 이후 제2차 세계 대전과 2000년에 있었던 화재 등 역사의 변곡점을 지나, 2013년에 현재의 피보바르로 탈바꿈했다. 오래된 공간에서 마시는 가장 체코다운 맥주. 오늘은 필스너와 코젤을 거절하고 비노흐라트스키의 맥주를 마셔보자.

비노흐라트스키 피보바르(Vinohradský pivovar)
주소 Korunni 2506/106, 101 00 Praha 10-Vinohrady
이용 시간 매일 11:00∼24:00
이용 가격 메인 코스 130∼220 CZK, 맥주 70∼140 CZK,
와인 46∼96 CZK
웹사이트 www.vinohradskypivovar.cz

04 지하 1층으로 난 계단
05 1층의 아늑한 공간
06 비노흐랏스카 11도 맥주
07 맥주를 따르는 종업원
08 비노흐라트스키 피보바르의 바

와인 그리고 와인

비나르나 보코브카, 비노테카 노엘카

맥주 공화국으로 알려진 체코는 사실 와인 소비량도 만만치 않다. 체코의 와인은 모라비아 와인이 대부분인데, 시민들은 단골 양조장에 패트병을 들고 가 와인을 가득 채워 마시곤 한다. 사치와 일상 사이에 걸친 프라하의 와인 가게 두 곳을 소개한다.

02

03

01 비노테카 노엘카 와인 저장고
02 비나르나 보코브카의 내부 전경
03 비나르나 보코브카의 와인 잔

체코의 와인은 대부분 동남부지방의 모라비아에서 생산된다. 프라하가 위치한 보헤미아에도 포도 농장이 있지만, 90퍼센트가 넘는 포도원이 모라비아 지역에 있다. 체코 와인이 모라비아 와인으로 통칭되는 이유이기도 하다. 체코의 와인은 아직 한국에 널리 알려지지 않았지만 유럽에선 떠오르는 시장 중 하나로, 와인 소비율이 매년 10퍼센트 이상 증가하고 있다. 그 와인 문화를 선도하는 공간 두 곳이 프라하에 있다.

비나르나 보코브카

들로우하 거리의 건물들 사이에 숨어 있는 비나르나 보코브카 Vinárna Bokovka 는 프라하의 와인 문화를 선도하는 공간이자 레스토랑 그룹 암비엔테의 시그니처 와인 바다. 체코의 다양한 와인에 대해서 제대로 알고 싶다면 이곳만 한 데가 없다. 지하 저장실을 개조해 만든 듯한 인테리어로 꾸며진 보코브카는 수많은 와인병이 보관되는 와인 보관실과 치즈 보관실, 그리고 주방과 바로 구성되어 있는데, 어둑한 바에 촛불이 들어올 때면 아늑한 분위기가 공간을 감싸 안는다.

04 비나르나 보코브카로 들어가는 입구
05 아치형 천장이 인상적인 인테리어
06 비나르나 보코브카의 투명한 화이트 와인
07 와인 저장고
08 내부 좌석들

08

프라하 중심에 있는 보코브카는 2004년 개봉한 할리우드 영화 〈사이드웨이 Sideways〉에서 영감을 받았다. 영화는 이혼남인 마일즈가 결혼을 앞둔 친구 잭과 함께 와인 양조장에 주말여행을 떠나면서 일어나는 사건 사고들을 다룬 로맨틱 코미디로, 와인병을 옆으로 눕혀놔야 와인이 숙성되듯 사람의 인생도 때로는 옆길로도 가봐야 성숙할 수 있다는 주제를 담고 있다. 보코브카는 체코어로 '옆으로 Sideways'라는 뜻으로, 공간은 옆으로 잠시 길을 틀어 쉴 수 있는 순간들을 고객들에게 제공한다.

보코브카는 다양한 컬렉션의 세계 와인들도 판매한다. 와인은 잔이나 병으로 구매할 수 있고, 매주 목요일 밤에는 보코브카 클럽 회원들을 위해 새로운 와인을 개봉한다. 그뿐만 아니라 체코의 맛깔 나는 소시지 요리와 다양한 치즈, 직접 만든 빵과 돼지비계 요리, 캐비어와 대구 간 요리 등 와인과 어울리는 각종 요리도 선보인다.

비나르나 **보코브카**(Vinárna Bokovka)
주소 Dlouhá 729/37, 110 00 Staré Město
이용 시간 평일 17:00~25:00, 토요일 15:00~25:00
이용 가격 와인(잔) 100 CZK 이상, 와인에 따라 가격 차이 있음
웹사이트 www.bokovka.com

비노테카 노엘카

비노테카 노엘카 Vinotéka Noelka 는 와인 소믈리에 오타카르 포코르니 Otakar Pokorný 가 2012년 문을 연 와인 가게로, 비노흐라디 골목에 자리 잡아 동네 주민의 사랑방 역할을 톡톡히 해내고 있다. '진정한 비노흐라디의 보물'이라고도 불리는 비노테카 노엘카에선 다양한 모라비아 와인을 판매하며, 와인을 시음하고 페트병에 담아갈 수 있다. 이 가게엔 좌석이 없어서 모든 손님이 가게 앞 거리에 서서 와인을 마시고, 마음에 드는 와인을 페트병에 담아 사 간다. 체코에서 가장 일상적인 와인 가게인 셈이다.

09 비노테카 노엘카의 와인 진열대
10, 11 가게 앞에 서서 와인을 마시는 사람들
12 와인을 따르는 종업원
13 와인으로 진열되어 있는 노엘카 인테리어

비노테카 노엘카(Vinotéka Noelka)
주소 Slavíkova 3, 120 00 Praha 2-Vinohrady
이용 시간 평일 11:30~19:30, 토요일 10:00~19:30,
일요일 14:00~20:00
이용 가격 와인 1리터 80~150 CZK, 와인에 따라 가격 차이 있음

WORKSHOPS & CLASSES

화려한 건축물과 아름다운 카페의 틈바구니에서 벗어나 가끔은 프라하를 다양하게 체험해보자. 체코 전통 요리 투어부터 꽃다발 만들기 수업까지, 프라하에서만 할 수 있는 경험을 통해 도시를 한층 더 이해해보는 것은 어떨까.

01

02

프라하를 부탁해
프라하 팁 투어

프라하를 새로운 시선으로 보는 방법, 프라하 팁 투어를 따라가다 보면 그
들이 걸어온 발걸음으로 켜켜이 쌓인 프라하를 마주할 수 있다. 프라하 속
자신의 이야기를 들려주는 투어 프로그램이자, 가장 개인적이면서 동시
에 보편적인 팁 투어를 소개한다.

01 블타바강 너머로 보이는
카를교와 프라하성
02 국립극장을 지나는 트램
03 바츨라프 광장을 지나는
6번 트램

한 해 이천만 명의 관광객이 찾는 프라하에는 다양한 관광지가 있
고, 그 관광지를 찾는 방법도 각양각색이다. 프라하를 처음 방문
하는 관광객 대부분은 투어 프로그램을 신청하는데, 서너 명의 사
람들로 구성된 소규모 투어부터, 10~30명 단위의 집단 투어까지
그 종류가 다양하다. 투어의 주제와 시간 또한 천차만별이다. 구
시가지와 바츨라프 광장을 도는 투어, 프라하성을 오르는 투어,
아침 일찍부터 한나절을 함께 하는 투어, 야경 투어, 맥주를 같이
마시는 투어, 유명한 펍들에 방문하는 펍 크롤링 Pub Crawling, 와이
너리 투어, 스냅 사진 투어, 올드 카 투어까지 종류를 다 나열할
수 없을 정도로 프라하는 사실 투어의 천국이라고도 할 수 있다.

04

한국인으로 구성된 투어 팀 RuExp가 진행하는 팁 투어는 프라하에서 가장 사적이면서 객관적인 투어를 제공한다. 팀 이름 RuExp는 미국 기타리스트인 지미 핸드릭스 Jimi Hendrix 의 곡 〈Are you experienced〉에서 따온 것으로, 프라하에서 오랜 기간 살아온 가이드들이 직접 보고 들은 프라하에 관한 이야기를 들려준다. 팁 투어는 일반적인 예약 형태가 아니라, 정해진 시간과 장소에 원하는 이들이 모이는 구조로 진행된다. 비용은 당신이 느낀 감동만큼 지불하라는 그들이 말마따나, 프라하와 공명하는 각 가이드의 이야기는 때로는 독백처럼, 때로는 대화처럼 참여하는 이들을 매혹시킨다.

05

그들이 팁 투어를 처음 시작한 건 2011년 5월이었다. 당시 프라하에선 영어권과 스페인어권의 회사들이 프리 투어 Free tour 라는 이름으로 예약을 받지 않고 투어를 진행했는데, 팁 투어는 프라하에서 한국어로 시작한 최초의 프리 투어라 할 수 있겠다. 다만 일반적인 프리 투어가 펍 크롤링 같은 다른 연계 투어의 홍보 수단으로 진행되고 있다면, 팁 투어는 투어 자체에 중점을 두고 있다. 팁 투어는 참여자들에게 미리 돈을 받지 않는 대신, 투어가 끝나면 일정 비용의 팁을 받는다. 참여자들은 각자만의 방식으로 프라하를 풀어내는 가이드를 통해 배우고 느낀 만큼 비용을 지불하면 되는 것이다.

팁 투어 가이드엔 정해진 스크립트가 없다. 그러다 보니 가이드마다 곁들이는 이야기가 달라지는데, 누군가 프라하의 19세기 민족부흥운동에 집중한다면, 다른 이는 건축 양식에 관해서 이야기하는 식이다. 카를대학교에 대해서도 어떤 가이드는 체코슬로바키아 근대사를 자세히 풀어내고, 다른 가이드는 중세사까지 거슬러 올라간다. 정보만 나열하는 방식의 일반적인 투어와 달리, 참여자들과 소통하면서 이야기를 풀어내는 팁 투어는 그래서 더욱 특별하다. 여행이 끝나고 난 후에는 그들이 지은 책《프라하 이야기》를 한 번쯤 들춰봐도 좋을 것이다.

프라하 팁 투어(RuExp)
이용 시간 오전 투어 09:30~12:30,
오후 투어 13:30~16:30
이용 가격 투어 후 팁으로 비용 지불
웹사이트 www.cafe.naver.com/ruexp

04 마네수프 다리를 지나는 27번 트램
05 블타바강을 노니는 백조들
06 카를교 위의 석상
07 구시가지를 내려다볼 수 있는 천문시계탑 전망대

01 블타바강에서 보트 투어를 하며 카를교 아래로 향하는 모습

블타바강에서 보트 타기

슬로반카 보트 렌탈

프라하를 따라 흐르는 블타바강을 즐기는 방법은 여러 가지가 있다. 강변의 왁자지껄한 음식점에서 맥주 마시기, 카를교를 걸으며 다리를 통과하는 물살 바라보기, 스트르젤레츠키섬에 앉아 강물에 손 담그기, 그리고 마지막으로 조그만 보트를 타고 직접 강을 휘젓고 다니기가 있다.

블타바강은 사시사철 다른 분위기를 풍긴다. 봄이 오면 남쪽 상류의 스미호프에 모여 있던 백조들이 카를교 너머의 북쪽 상류 치헬나 공원 Park Cihelná 으로 건너와 관광객들에게 하얀 깃털을 드러낸다. 봄의 강변은 백조들에게 빵 따위를 던져주며 사진을 찍으려는 관광객들로 가득하고, 여름의 강은 눈부신 햇살을 받아 황금빛으로 반짝인다. 해가 질 무렵이면 카를교 부근에 오리배 등 다양한 형태의 배들이 가득 차는데, 날이 선선한 저녁에야 강을 제대로 즐길 수 있기 때문이다. 가을의 강은 색색의 나무들을 고스란히 반영해 붉은색으로 물들고, 눈이 오는 겨울이면 순백의 그림을 그려낸다. 이렇듯 프라하를 따라 흐르는 블타바강의 아름다운 풍경을 가장 가까이서 보는 방법은 보트를 타는 것이다.

02 슬로반카 보트 렌트장

보트의 종류는 다양하다. 재즈를 들으며 식사할 수 있는 재즈 보트, 배에서 모라비아산 와인을 즐길 수 있는 와인 보트, 그 밖에 소형 보트들, 서핑, 래프팅까지 자신의 취향에 맞는 방식을 고를 수 있다. 그중에서 가장 한가롭게 강을 즐기는 방법은 슬로반가 보트 렌탈 Půjčovna lodiček a šlapadel U kotvy 에서 빌릴 수 있는 4인용 보트를 타는 것이다.

03 다양한 보트들이 정박되어 있는 렌탈 장소
04 블타바강에 정박되어 있는 선상 카페와 강변에서
보이는 프라하성
05 보트를 타는 프라하 친구들
06 블타바강에서 보트를 타는 관광객들
07 유유히 블타바강을 투어하는 모습

카를교에서 남쪽으로 조금만 내려가면 스트르젤레츠키섬에 이르는 레기교가 있고, 그 다리에서 조금만 더 남쪽으로 가면 슬로반스키섬이 있는데, 섬 동쪽 기슭에 다양한 종류의 보트를 임대할 수 있는 슬로반카 보트 렌탈이 있다. 보트는 직접 노를 젓거나 페달을 밟아서 가는 형태와 자동차 형상의 고급형 페달 보트 등으로 나뉘는데, 가격이 천차만별이니 예산에 따라 결정하자. 보트 정거장에서 판매하는 달콤한 레모네이드를 한 잔 시켜서 피크닉 떠나듯이 강으로 향하는 것도 좋다. 날이 선선해지는 가을이면 블타바강은 조그만 보트들이 가득 들어찬다. 가을의 붉은 빛은 강물을 수놓고, 그 빛무리는 일몰 무렵에 더욱 아름답게 반짝인다. 햇살이 조금 약해질 때면 블타바강으로 향해보자. 페달을 밟으며 물살을 가로지르는 기분은 정말이지 남다르다.

슬로반카 보트 렌탈(Půjčovna lodiček a šlapadel U kotvy)
주소 Slovanský ostrov, 110 00 Praha 1
이용 시간 4월~10월 11:00~21:50(일몰시)
이용 가격 한 시간 간격, 노 젓는 보트 200 CZK, 페달 보트 300 CZK, 고급형 페달 보트 500 CZK
웹사이트 www.slovanka.net

오래된 사진 찍기
포토그라프 나 플레흐

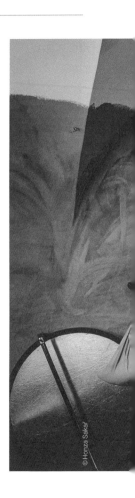

포토그라프 나 플레흐는 고객들의 사진에 역사를 담아 매혹적인 초상화를 촬영해준다. 오래된 사진 속에 특별한 프라하를 담아보자.

프라하 관광지들을 거닐다 보면 종종 마주치는 이들이 있다. 오전의 이른 시간부터 오후 늦은 시간까지 앳된 커플들을 끌고 다니며 사진을 찍어주는 사진사들인데, 흔히 '스냅 작가'라고 불리는 이들의 스냅 프로그램은 한국인, 중국인, 러시아인 관광객이 수요의 대부분을 차지한다. 평상복 차림으로 쭈뼛대며 관광객 사이를 누비는 한국인 커플들, 추운 겨울날에도 진한 화장과 웨딩드레스로 무장하고 좌중을 압도하는 중국인 커플들, 턱시도와 드레스로 한껏 멋을 낸 러시아인 커플들은 아름다운 추억을 기록으로 남기기 위해 프라하를 누비고, 그들을 순간을 잡아내는 데 여념 없는 사진사들 또한 오늘도 길을 나선다.

01 포토그래퍼 혼자 사카르시

02 포토그라프 나 플레흐의 사진 장비

이 아름다운 도시에서의 순간을 기록하기 위한 방법으로 스냅 촬영은 나쁘지 않은 선택이지만, 프라하 1구의 말라 스트라나에는 좀 더 특별한 사진 스튜디오가 있다. 바로 가장 사적인 초상화를 찍는 사진사 혼자 사카르시Honza Sakař 가 운영하는 포토그라프 나 플레흐Fotograf na plech 다. 범람하는 이미지의 홍수 속에서 이곳은 사진의 본질적 의미를 추구하며, 170년 전에 세상에 모습을 드러낸 오래된 사진 기술인 콜로디온 습판법wet-collodion plate 을 이용해 찍는 사진은 특별하면서도 매혹적이다.

03, 07 고객의 사진 촬영 장면
04 포토그라프 나 플레흐의 사진 작품들
05, 06 사진 인화 작업을 하는 모습

콜로디온 습판법은 1851년 영국의 조각가 프레드릭 스코트 아처 Frederick Scott Archer 가 고안한 기술로, 젤라틴 건판이 나오기 시작한 1880년까지 당대 사진계를 장악했다. 이 기술은 이른 시간에 건조되어 노출과 현상 작업을 쉽게 할 수 있는 콜로디온을 주재료로 쓰는데, 암실이 반드시 필요하다는 불편함은 있지만 정밀한 이미지 작업을 하기에 용이했다. 19세기의 마법 같은 습판법은 21세기 프라하의 한 스튜디오에서 개인의 서사가 담긴 사진으로 새롭게 태어난다.

프라하의 중심지, 말라 스트라나의 조그만 스튜디오에서 시간을 거슬러 올라가는 여행을 해보는 것은 어떨까. 이곳에서의 경험은 사적이면서도 가장 특별한 기억으로 남을 것이다. 흑백의 질감에서 강조되는 개인의 이야기, 포토그라프 나 플레흐와 함께 프라하에서 잊을 수 없는 추억을 만들어보자.

 포토그라프 나 플레흐(Fotograf na plech)
주소 Vlašská 6, 118 00 Malá Strana
이용 시간 평일 12:00~18:00
이용 가격 포트레이트 사진 75 EUR
웹사이트 www.saki.cz

가장 맛있는 프라하
테이스트 오브 프라하

우리가 알고 있는 유명한 체코 음식들은 사실 체코 음식이 아니거나, 크게 과장된 음식들일 것이다. 진
정한 체코 음식이 궁금하다면, 체코 현지인이 추천하는 가장 맛있는 프라하를 경험해보자.

01 삼색의 체코 맥주
02 로컬에서 시식 중인 관광객들
03 육회 타타락과 스테이크

굴라시 Guláš , 트르델닉 Trdelník , 랑고시 Langoš 등 체코 하면 떠오르는 많은 음식들이 사실은
체코 음식이 아니라는 사실을 알고 있는가. 독일, 오스트리아, 헝가리, 슬로바키아 등 주변
나라들과 음식 문화를 공유하는 체코에게 '온전한 체코 음식'이 있을까 싶다. 하지만 체코인
들은 거들떠보지도 않는 체코 음식들이 여진히 체코의 전통 음식으로 관광객들에게 소비되
고 있다. 그 오해를 타파하고, 진정한 체코의 맛을 소개하기 위해 이 여섯 명이 모였다. 바
로 테이스트 오브 프라하 Taste of Prague 다.

04 나세 마소에서 스테이크와
타타릭을 시식하는
테이스트 오브 프라하팀
05 체코 전통 요리 스비치코바
06 로칼의 음식 메뉴
07 테이스트 오브 프라하 시식 메뉴
08 슈니첼과 매시 포테이토

2011년 얀Jan과 주지Zuzi로 시작된 테이스트 오브 프라하에는 어느새 카롤리나Karolina, 안나 Anna, 마르케타Markéta 그리고 마르틴Martin 등 네 명의 멤버가 더 합류했다. 그들은 변호사, 인사 담당자, 심리치료사, 브랜드 매니저 등 다양한 직업을 가졌지만, 현재는 외국인 방문 자들이 프라하에 와서 가장 체코다운 음식들을 과식하게 만드는 일을 하고 있다. 모두가 프라하 출신인 테이스트 오브 프라하 팀은 (체코 모라비아 지역에서 태어난 주지를 제외하면 말이다. 그들이 말했듯 모두가 '완벽'하지는 않다.) 참가자들이 가장 맛있는 프라하를 즐길 수 있는 투어를 제공한다. 테이스트 오브 프라하와 함께 여행을 하고 난 후 당신은 적어도 1킬로그램은 몸무게가 늘어서 프라하를 떠날 것이다.

테이스트 오브 프라하에서 제공하는 투어는 세 가지로, 프라하 음식 투어Prague Foodie Tour, 체코 전통 음식 투어Traditional Czech Food Tour, 그리고 개인 모라비아 와인 투어Private Wine Tours in Moravia이다. 그중 가장 보편적인 투어는 프라하 음식 투어로, 4시간의 투어 동안 참가자들은 다섯 군데의 레스토랑과 카페에 들러 체코의 맛을 경험한다. 테이스트 오브 프라하는 또한 참가자들이 현지인처럼 음식을 맛보고 관련된 이야기를 들을 수 있게 해준다. 그들의 어린 시절, 체코에서의 삶, 체코의 전통, 현재와 과거를 아우르는 이야기들이 음식 하나하나에 깃들여진다. 음식과 음료를 더 큰 맥락에서 받아들이고 즐기도록 도와주는 것이다.

체코 전통 음식 투어는 가장 재미있고 유익하다. 그들의 말마따나 당신이 꿈꾸는 체코 할머니를 만나고 오는 투어라고 할 수 있겠다. 이 투어를 통해 테이스트 오브 프라하는 전통 음식이 체코 사람들에게 어떤 의미인지, 음식이 어디에서 생산되고 어떻게 판매되는지, 집에선 그 음식을 어떻게 요리하는지 등을 알려준다. 이처럼 테이스트 오브 프라하를 통해서라면 다양한 체코의 음식을 '진정으로' 즐길 수 있을 것이다. 투어가 끝나고 그들이 주는 프라하 음식 지도 Prague Foodie Map 를 받아, 나머지 일정을 먹는 계획으로 가득 채워도 즐거울 것이다.

테이스트 오브 프라하(Taste of Prague)
이용 시간 웹사이트 통해 예약
이용 가격 프라하 음식 투어(Prague Foodie Tour) 2,700 CZK, 체코 전통 음식 투어(Traditional Czech Food Tour) 2,500 CZK
웹사이트 www.tasteofprague.com

프라하에서 재즈 만끽하기
재즈 리퍼블릭, 재즈 독

가장 낭만적인 프라하는 와인과 재즈, 그리고 야경의 조합이다. 그 세 박자가 완전히 맞아떨어지는 곳. 차가운 얼음 버킷에 담긴 와인 한 병과, 세 시간 동안 이어지는 재즈 공연, 그리고 그 뒤에 펼쳐지는 야경은 재즈 리퍼블릭과 재즈 독에서만 느낄 수 있는 소소한 사치다. 아늑한 지하의 공연장과 블타바강 선상에서 듣는 재즈. 밤의 여운을 즐기며 프라하의 재즈를 들어보는 건 어떨까.

01 지하 1층의 아담한 재즈 리퍼블릭 무대

02 블타바강변의 재즈독 공연

체코의 재즈 역사는 그리 오래되지 않았다. 래그타임과 딕시랜드가 유럽에 도달했던 1900년대 초반에 시작되어, 백 년이란 세월 동안 체코에 뿌리내리며 나름의 이야기를 써내려갔다. 1920년대의 루돌프 드보르스키 R.A. Dvorský 와 그의 밴드 멜로디 보이스 Melody Boys , 30년대의 카렐 블라흐 Karel Vlach 와 그의 밴드 블루 뮤직 Blue Music , 전설적인 재즈 듀오 이르지 스티빈 Jiří Stívin 과 에밀 비클리츠키 Emil Viklický , 그리고 밀란 스보보다 Milan Svoboda 와 마르틴 크라토히빌 Martin Kratochvíl 까지, 체코의 재즈는 각각의 뮤지션을 통해 자신들만의 색을 발하고 있다.

프라하는 재즈 팬들이 찾기에 부족함이 없는 도시다. 프라하 중심엔 1957년에 문을 연 레두타 Reduta 를 필두로 마일스 데이비스의 앨범 명을 딴 재즈 클럽 아가르타 AghaRTA , 구시가지에 위치한 우 스타레 파니 U Staré Paní , 그리고 재즈 & 블루스 클럽 운겔트 Jazz & Blues Club Ungelt 등이 매일 밤 재즈 공연을 선보인다. 전 세계에서 모인 재즈 뮤지션들은 클럽과 봄여름에 열리는 보헤미아 재즈 페스티벌, 더 유나이티드 아일랜즈 오브 프라하 The United Islands of Prague 등에서 마음껏 기량을 발휘한다. 나치와 소련의 억압과 핍박 속에서도 꾸준히 명맥을 이어온 체코의 재즈. 비교적 최근에 문을 연 두 공간을 통해 그 진면목을 소개한다.

재즈 리퍼블릭

프라하의 낭만적인 야경은 많은 이들을 설레게 한
다. 장엄한 프라하성부터 정교하게 빛나는 카를교
의 조각들, 그리고 아기자기한 구시가지 골목의 부
조들까지, 밤의 프라하는 전구색 빛 아래 화려하게
반짝인다. 밤이 오면 프라하 관광객들은 삼삼오오
그 낭만을 좇아 구시가지의 오래된 음식점들이나
80년대의 감성을 자극하는 레트로 바, 그리고 재즈
클럽으로 향한다. 음악이 흐르는 프라하의 밤은 분
주하게 반짝인다. 그 가운데 흐르는 재즈의 선율 또
한 프라하에 머무는 모든 이들을 매혹한다.

03 재즈 리퍼블릭에서 공연하는 기타리스트
04 앨리스 스프링스 블루스 밴드의 공연
05 공연을 감상하는 관람객들
06 앨리스 스프링스 블루스 밴드의 기타리스트

프라하 구시가지 중심지엔 1997년에 문을 연 음악 클럽, 재즈 리퍼블릭 Jazz Republic 이 있다. 재즈 리퍼블릭은 20년이 넘는 세월 동안 체코 뮤지션들과 대중들의 연결해주었고, 유럽과 외국의 아티스트들을 초대해 다양한 장르의 음악을 선보였다. 잊을 수 없는 공연의 포스터와 사진은 클럽의 내부에 장식되어 이곳만의 특별한 분위기를 자아낸다. 재즈 리퍼블릭은 체코 내에서 가장 뛰어난 30개 재즈팀과 협업하며 독특한 공연 연출로 프라하의 밤을 빛낸다.

이곳은 한국인들에게도 꽤 알려진 편이라 어느 날을 택하든 한 팀 이상의 한국인들을 만나게 될 것이다. 1부 때는 사람이 많아 복작복작하지만, 2부 때는 다수가 빠져나가 비교적 차분하게 공연을 관람할 수 있다. 2018년까지 입장료를 일절 받지 않던 클럽은 특별한 공연들에 한해 입장료를 받기 시작했지만, 여전히 250 CZK 정도의 저렴한 가격으로 3시간의 공연을 즐길 수 있다. 재즈 리퍼블릭 한구석에서 모라비아 와인 한 병을 시켜놓고 즐기는 재즈 공연만큼 낭만적인 프라하의 밤은 없을 것이다.

재즈 리퍼블릭(Jazz Republic)
주소 Jilská 1a, 110 00 Staré Město
이용 시간 매일 20:00 OPEN, 공연 21:15~23:45
이용 가격 공연마다 상이, 무료 공연 다수, 맥주 75 CZK, 와인(잔) 75 CZK, 와인(병) 300 CZK
웹사이트 www.jazzrepublic.cz/en

재즈 독

나플라브카Náplavka 건너편의 스미호프 강가는 밤이면 어둠에 잠긴다. 맥주와 와인, 축제로 반짝이는 나플라브카와 달리 조용한 주택가들이 있기 때문인데, 그 길을 걸을 때면 자신도 모르게 외로움에 사로잡히곤 한다. 하지만 스미호프에도 늦은 밤의 외로움을 달래주는 공간이 하나 있는데, 바로 선상에 위치한 재즈 바, 재즈 독Jazz Dock 이다.

재즈 독은 관광객 위주의 클럽들에 대한 대안으로서 2009년 블타바강에서 처음 문을 열었다. 재즈 독은 재즈를 엔터테인먼트가 아니라 예술의 한 종류로 받아들이는 음악가들을 위한 공간이자, 그들과 대중들을 이어주는 연결 지점이다. 재즈 독은 식사 시간의 배경 음악이 아닌 진정한 예술로 재즈 공연을 소비하는 문화를 만들고자 했는데, 프라하에서 가장 최근에 문을 연 재즈 클럽임에도 불구하고 현지인들의 사랑을 한몸에 받고 있다.

재즈 독에는 아마추어 밴드가 아닌 세계 유명 밴드나 체코의 훌륭한 로컬 밴드들이 참여한다. 그렇기에 대부분의 공연에 입장료를 받는데, 대신 판매하는 음료나 음식들이 다른 일반 음식점이나 펍들과 비슷하게 저렴한 가격을 유지한다. 재즈 독은 선상에 있고, 여름에는 한쪽 유리문을 다 열어 놓아서 시원한 바람을 맞으며 재즈 공연을 감상할 수 있다.

07 재즈 독 공연 모습
08 재즈 독의 바
09 재즈 독의 시그니처 피아노
10 강변에 자리 잡은 재즈 독 외관

 재즈 독(Jazz Dock)
주소 Janáčkovo nábř. 3249/2, 150 00 Praha 5-Smíchov
이용 시간 월요일~목요일 15:00~04:00, 금요일~토요일 13:00~04:00
이용 가격 공연마다 상이 200~500 CZK, 맥주 30~60 CZK, 와인(잔) 75 CZK, 와인(병) 300~500 CZK
웹사이트 www.jazzdock.cz/cs

클래식의 향연
프라하 시민회관

체코인들에게 문화나 여가 활동은 대개 개를 끌고 산책 나가거나 도시 외곽의 공원에 발걸음 하는 것,
연중 내내 진행되는 축제를 찾거나 전시, 공연 따위를 보러 가는 것이다. 그중에서도 체코인들에게 가
장 사랑받는 문화 활동이 있으니, 바로 프라하 시립교향악단의 클래식 공연이다.

01 스메타나 홀 전경

02 화약탑과 시민회관

해가 일찍 지는 겨울이면 동네의 조그만 펍들로 발걸음 하곤 했다. 밤
이 긴 겨울의 펍들엔 언제나 사람들이 복작이고, 그 부대낌 속의 온기
를 느껴야 마음을 놓을 수 있었다. 프라하의 실내 공간들엔 항상 음악
이 있다. 조그만 동네 맥주 가게부터 커다란 클래식 홀까지, 음악을
빼놓고서는 프라하를 설명할 수 없다. 때로는 한겨울의 추위를 털어
내고자 시민회관Obecní dům으로 향했다. 그런 날은 옷장에 모셔놓은 정
장을 오랜만에 꺼내 입는 날이다. 오래되어 친숙한 클래식들, 그 친밀
한 선율에 몸을 맡길 시간이었다.

프라하 아르누보 양식의 견본과도 다름없는 프라하 시민회관은 1383년에서 1485년까지 보헤미아 왕들의 거처로 사용되다가, 버려지고 부서진 이후 1905년에 현재의 건물로 새로 지어졌다. 시민회관은 1912년 문을 열었는데, 이곳은 체코슬로바키아 공화국이 독립을 선포한 장소이기도 하다. 현재의 시민회관은 프라하 시립교향악단이 주로 공연을 선보이는 스메타나 홀과 카페, 레스토랑, 대중에게는 투어 때만 공개되는 방들, 연회장으로 구성되어 있으며, 공화국 광장이나 화약탑과 아주 가까운 거리에 있다.

시민회관에서 가장 아름다운 공간은 스메타나 홀이다. 프라하 시립교향악단과 세계적인 악단들의 공연이 펼쳐지는 장소로 비발디나 모차르트, 차이콥스키와 에드바르드 그리그 등의 연주를 비롯한 클래식 공연을 선보인다. 스메타나 홀은 또한 프라하 봄 국제음악제의 개막 공연이 열리는 곳으로, 아름답고 고풍스러운 내부 장식 위로 흐르는 클래식 선율을 들을 수 있다.

알폰스 무하의 아름다운 벽화들 밑에서 감상하는 프라하 시립교향악단의 공연은 옛 클래식을 새롭게 해석한 그들만의 연주로 더욱 반짝인다. 1934년부터 시작된 시립교향악단의 발걸음을 함께 걸으며 가장 아름다운 클래식의 향연을 직접 경험해보는 건 어떨까. 깔끔한 드레스와 정장을 입고 웅장한 스메타나 홀에서 울려 퍼지는 그들의 연주를 듣고 있노라면 프라하가 조금 더 낭만적으로 느껴질 것이다.

프라하 **시민회관**(Obecní dům)
주소 nám. Republiky 5, 111 21 Staré Město
이용 가격 공연에 따라 상이 500~1,500 CZK, 홈페이지 참조
웹사이트 www.obecnidum.cz

01 스페이블과 후르비네크 인형
02 스페이블과 후르비네크 극장 외부 전경
03 극장 앞에 줄을 선 아이들

체코의 마리오네트 문화가 꽃을 피워낸 곳
스페이블과 후르비네크 극장

프라하에는 다양한 즐길 거리가 있지만 다수의 프로그램이 관광객들만을 대상으로 하며, 그건 관광객들에게 유명한 마리오네트 인형극도 마찬가지다. 하지만 체코인들도 사랑해 마지않는 공연이 있으니, 바로 스페이블과 후르비네크 극장에서 하는 오래된 인형극이다.

스페이블과 후르비네크 극장Divadlo Spejbla a Hurvínka은 70년이 넘는 시간 동안 체코 어린이들에게 가장 인기 있는 장소 중 하나다. 극장은 프라하 6구 데이비체에 있으며, 체코에서 가장 유명한 마리오네트 인형인 스페이블과 후르비네크의 이름을 따서 스페이블과 후르비네크 극장이 되었다. 이 두 인형과 그 가족들은 체코 마리오네트의 거장 요세프 스쿠파Josef Skupa에 의해 만들어졌는데, 1920년대에 만들어진 인형극은 이후 TV 시리즈로도 제작되었고 체코 사람들의 많은 사랑을 받으며 지금껏 활약을 이어오고 있다.

마리오네트의 본고장으로 뽑히는 체코의 인형극은 그 역사가 1770년대로 거슬러 올라간다. 1779년 얀 코페츠키Jan Kopecký의 공연 이후, 18세기 후반 체코의 마리오네트 극장은 부흥기를 맞이했다. 이는 민중 정서의 역사적 발현으로 해석할 수 있는데, 오스트리아와 독일의 치하에서 언어와 표현의 자유가 억압되던 체코인들이 대사 없는 인형극들을 통해 민족의식을 고양해나갔던 것이다. 이렇듯 인형극은 오랜 시간 체코의 역사와 함께해오면서 극을 보러 왔던 아이가 할머니가 되고, 그 할머니가 자신의 손녀와 함께 오는 문화를 만들어냈다.

04 스페이블과 후르비네크 조각상
05 스페이블과 후르비네크 극장 내부 좌석
06~08 스페이블과 후르비네크 극장 공연 모습

스페이블과 후르비네크 극장은 관광객보다 체코인들에게 더 인기 있다. 극장은 부모 손을 잡고 오는 아이부터 단체 관람을 오는 초등학생 무리까지 언제나 문전성시다. 사실 체코 아이들만 인형극에 푹 빠진 건 아니다. 아이들의 재잘거림 사이로 어린 시절의 추억을 안고 온 어른들이 상기된 표정으로 극장을 찾아 스페이블 가족의 소소한 일상에 귀를 기울이는 모습도 흔히 볼 수 있다.

수십 년 경력의 인형극 배우들은 단지 줄 몇 개로 인형의 동작과 감정을 자유자재로 표현해 낸다. 인형에 달린 줄 하나하나에는 꼼꼼한 계산이 들어 있으며, 배우들의 손끝에서 인형은 생명을 가지고 태어나 활기차게 무대를 활보한다. 체코의 마리오네트는 예술가적 감수성과 장인 정신으로 무장한 채 시대마다 저항해왔다. 한 번쯤은 체코인들이 즐겨보는 마리오네트 공연을 보면서, 손끝으로 포착해낸 스페이블 가족의 평범한 일상과 그 이면에 담긴 민중의 저항정신을 엿보는 건 어떨까.

스페이블과 후르비네크 극장(Divadlo Spejbla a Hurvínka)
주소 Dejvická 919/38, 160 00 Praha 6-Bubeneč
공연 시간 홈페이지에서 확인
박스오피스 오픈: 월요일 13:00~18:00, 화요일~금요일 09:00~14:00 & 15:00~18:00, 주말 09:30~11:30 & 12:00~17:00
이용 가격 어린이 요금 110 CZK, 어른 요금 180~220 CZK(좌석에 따라 다름)
웹사이트 www.spejbl-hurvinek.cz

아이스링크와 발리볼
카자르나 칼린

체코 사람들은 야외활동을 참 좋아한다. 그런 체코 사람들이 사랑하는
숨겨진 문화 공간이 칼린에 있는데, 바로 카자르나 칼린이다. 5층의 거
대한 병영 단지의 한가운데에 있는 정원에서, 발리볼과 스케이팅으로
체코의 일상을 누벼보는 것은 어떨까.

© Dorota Velek

01

© Dorota Velek

01 위에서 바라본 카자르나 칼린의 전경 ▌
02 겨울철 아이스링크가 열린 카자르나 칼린 ▌

겨울의 프라하는 정말이지 우울하다. 오후 네 시가 되면 해는 도시를 어둠에 맡긴 채 꽁무니를 빼고, 건조한 추위는 도시를 지독하게 얼려버린다. 해가 있는 오전에도 프라하는 희멀건 하늘만을 보여준다. 도시는 쉬이 우울함에 빠지고, 사람들은 일이 끝나면 재빨리 집에 가거나 아늑한 실내를 제공하는 카페나 펍으로 발걸음 한다. 크리스마스의 프라하도 어둠과 추위 앞에선 들뜬 관광객들에게만 반짝일 뿐이다.

03

이런 겨울에도 프라하 사람들에게 사랑받는 실외 공간들이 있다. 바로 겨울에만 운영되는 아이스링크장들인데, 여름이면 노천카페로 활용되거나 각종 전시, 영화제, 맥주 축제가 열리던 공간들은 추운 겨울엔 아이스링크장으로 변모한다. 그중 가장 유명한 아이스링크장이 레트나 공원의 레트나 필드 Stadion Letná 와 프라하 구시가지 중심의 오보츠니 트르 Ovocny Trh 인데, 이곳들보다 현지인들에게 더욱 사랑받는 숨겨진 공간이 있으니 바로 카자르나 칼린 Kasárna Karlín 의 아이스링크장이다.

03 카자르나 칼린에서 야외 활동을 하는 시민들
04 아이스 스케이트를 타는 안나
05 여름 영화제가 진행 중인 카자르나 칼린

04

카자르나 칼린의 건물은 1840년대 후반에 세워진 병영 건물로 이천 명에 달하는 군인들을 수용하기 위해 설계되었다. 건물은 가운데 커다란 공터를 중심으로 거대한 단지로 이루어져 있는데, 현재는 건물 전체가 체코 정부에 의해 문화유산으로 보존되고 있다. 카자르나 칼린은 2017년 그 공간에 문을 연 복합문화 공간으로 카페, 음악 공연장, 영화제 공간, 발리볼장, 아이스링크장이 한곳에 모여 있다.

카자르나 칼린은 여름에는 발리볼장으로, 겨울에는 아이스링크장으로 탈바꿈한다. 커다란 병영 단지에 둘러싸여 높은 하늘을 바라보며 치는 발리볼과 겨울밤의 스케이트는 색다른 즐거움을 선사한다. 특히 겨울철의 아이스링크는 꼭꼭 숨겨진 병영 건물에 있는 덕분에 현지인들만이 알고 있는 비밀 장소로, 옆에 있는 펍에서 맥주를 한 잔 마시고 타는 스케이트만큼 매력적인 겨울철 야외 활동은 없다. 문화 공간으로 탈바꿈한 병영에서의 스케이트. 겨울의 프라하가 덜 외로워지는 풍경이다.

카자르나 칼린(Kasárna Karlin)
주소 Prvního pluku 20/2, 186 00 Praha 8-Karlin
이용 시간 평일 13:00~23:30, 주말 10:00~23:30
이용 가격 프로그램마다 상이, 홈페이지 참조
웹사이트 www.kasarnakarlin.cz

손수 만드는 꽃다발
로스마리노

프라하는 어디서 사진을 찍어도 작품이 되는 아름다운 도시다. 아기자기한 골목부터 탁 트인 강 너머로 보이는 프라하성까지, 어디 하나 뺄 데가 없다. 한껏 멋을 내고 프라하를 찾았다면, 이번엔 직접 만든 꽃다발과 함께 이 아름다운 도시에서 사진을 찍어보는 건 어떨까.

프라하만큼 배경이 아름다운 도시도 없다. 모든 관광지가 옹기종기 모여 있는 프라하에선 길을 잃어도 예쁜 골목을 만날 수 있는데, 그곳에서 찍는 사진은 프라하에서만 가져올 수 있는 가장 소중한 기념품이 된다. 프라하에서 사진을 찍는 커플들은 종종 꽃집에서 꽃다발을 사온다. 하지만 매번 예쁘지만 평범한 꽃다발을 사 오는 이들에게, 한 번쯤은 로스마리노 Rosmarino květinový ateliér의 특별한 꽃다발을 권하고 싶다.

01 수강생이 직접 만든 꽃다발
02 수업도 진행하는 작업실 전경
03 수업 중 완성되어가는 꽃다발

꽃 아틀리에 로스마리노는 2005년 마르케타 케츨리코바Markéta Keclíková 가 설립한 스튜디오다. 마르케타는 파리와 런던, 그리고 암스테르담에서 다양한 워크숍을 진행해왔는데, 14년 전 프라하 중심부에 로스마리노를 설립한 이래 지금까지 한곳에서 개인과 단체를 대상으로 꽃다발 만들기와 화훼 수업을 진행하고 있다.

로스마리노에서 진행되는 수업은 꽃꽂이에 특화되어 있으며, 최대 다섯 명의 수강생들이 직접 꽃다발을 만들어볼 수 있다. 수업은 꽃 정렬하기, 기본 꽃다발 만들기, 화훼 입문, 심화 꽃꽂이, 부활절 세미나 등으로 다양한데, 마르케타나 로스마리노의 다른 두 명의 팀원에 의해 수업이 진행된다.

04 로스마리노에서 진행 중인 수업
05 수업 재료로 사용될 꽃들
06 수업을 통해 완성된 작품들
07 꽃다발 완성 후 마무리하는 모습
08 꽃다발을 만드는 로스마리노 직원

꽃다발을 직접 만들기 어려운 사람들은 로스마리노에서 제작한 꽃다발을 구입할 수도 있다. 로스마리노는 꽃들을 직접 구매해서 만들기 때문에 하루 전에는 이메일이나 방문을 통해 예약해야 한다. 세상에서 하나뿐인 손수 만든 꽃다발을 들고 프라하를 누벼보는 건 어떨까. 가장 특별한 프라하는 사실 그렇게 멀리 있지 않은 건지도 모른다.

로스마리노(Rosmarino květinový ateliér)
주소 Odborů 288/8, 120 00 Nove Město
이용 시간 홈페이지 참조
이용 가격 프로그램마다 상이(홈페이지 참조),
기본 꽃다발 만들기 1,500 CZK, 꽃다발 400 CZK부터
웹사이트 www.rosmarino.cz
e-mail rosmarino@rosmarino.cz

01, 03 요가 프라하의 수업 장면
02 수업 중 설명하고 있는 이르지

치유의 요가
요가 프라하

프라하에는 재활의학의 프라하 학파와 하타 요가를 결합한 프라하 요가가 있다. 몸과 정신을
바로 하고 자신을 제대로 돌아보는 기회를 제공하는 요가 프라하. 일상의 걱정은 잠시 내려두
고 두 명의 지도자가 이끄는 대로 몸을 맡겨보는 건 어떨까.

요가 프라하라 Yoga Prague 는 이르지 쿰펠리크 Jiri Cumpelik 가 창시한 프라하 요가를 배울
수 있는 프라하의 요가 스튜디오다. 프라하 요가는 프라하 학파 Pražská škola rehabilitace
의 재활의학과 신체적 수행을 통해 정신적 합일을 추구하는 수행인 하타 요가 Hatha
Yoga 를 결합한 요가로, 몸이 가진 본래의 기능을 다시 회복시킨다 하여 '치유의 요가'
로 불린다. 요가 프라하에선 프라하 학파의 시니어 멤버이자 1970년부터 하타 요가
를 수련한 이르지와, 30년간 인도와 미국 그리고 영국의 여러 대학에서 요가를 배우
고 가르쳐온 아루나 싱비 Aruna Singhvi 의 수업을 들을 수 있다.

요가 프라하에선 이처럼 두 명의 숙련된 요가 지도자로부터 우수한 수업을 들을 수 있다. 그들이 말하길, 요가는 모든 사람을 위한 수행이며 요가를 하기 위해 꼭 전문가가 될 필요는 없다고 한다. 요가 프라하에서의 요가는 연습이나 콘테스트를 위한 것이 아니라 머리부터 발끝까지 자세의 배열이고, 앉고 일어서는 것이며, 부드러운 동작을 만들어 몸의 더 깊은 자세를 끌어내는 과정이다.

04 요가 시범을 보이고 있는 아루나
05 요가 프라하의 수업 장면
06 요가를 가르치는 아루나

스튜디오의 두 지도자는 요가를 배우는 이들이 몸을 치료하고 유연함을 회복해 마음과의 조화를 되찾도록 해준다. 요가 프라하의 수업은 능력이나 경험과 상관없이 모두에게 열려 있다. 중요한 건 수업을 통해 요가를 경험하고 진전하는 것이다. 조용하고 편안한 분위기의 스튜디오에서 쾌활한 요가 수업을 듣고 나면 몸과 마음이 한결 가벼워지는 걸 느낄 수 있다.

이르지의 수업은 체코어로 진행되고 아루나의 수업은 영어로 진행되는데, 두 지도자 모두 영어를 사용할 줄 아니 수업에 관해선 방문 전에 문의하는 게 좋다. 인도의 하타 요가와 운동 과학을 재활훈련 방법으로 사용하는 이르지와, 인도 라자스탄에서 인도의 전통무용을 배운 후 현재는 몸의 깨우침을 가르치는 아루나의 요가 수업. 요가 프라하는 오직 프라하에서만 제대로 접할 수 있는 치유의 요가이다.

요가 프라하(Yoga Prague)
주소 Soukenická 2082/7, 110 00 Nové Město
이용 시간 웹사이트를 통해 예약
이용 가격 아루나 싱비(Aruna Singhvi): 2시간 700 CZK
이르지 쿰펠리크(Jiří Cumpelik): 1.5시간 300 CZK, 주말 세미나 4시간 1,000 CZK
웹사이트 www.yogaprague.cz

BOOK 2

프라하 여행에서 알아두면 유용한 정보

TRAVEL

Know
-how

Hotels

INFORMATION

Know-how

Hotels

체크 인
Czech Inn

프라하 비노흐라디 지역의 크림스카 거리는 낮보다 밤이 분주하다. 이 거리는 프라하 구시가지에서 트램으로 20여 분가량 떨어져 있지만 괜찮은 바와 카페들이 있어 사람들의 발걸음을 모으기 때문이다. 거리의 초입에는 조그만 주차장이 있고 그 앞으로 커다란 건물 하나가 있는데, 1층에 난 큰 창으로 햇살이 밝게 비추는 호스텔, 체크 인이다.

프라하를 종횡하는 트램 22번이 지나는 크림스카 트램역에 내리면 가장 먼저 눈에 띄는 건물이 바로 이 호스텔이다. 이 건물은 골목 모서리에 삐죽이 나와 있는데, 1층에는 볕 잘 드는 카페 겸 바가 있고 위층에는 객실이 있다. 마감하지 않은 산업디자인 스타일의 호스텔은 크림스카의 터줏대감인 카페 브이 레제와 비건 레스토랑 플레벨, 아트 스튜디오 드루지나Družina 등과 가까운 거리에 있다.

호스텔 체크 인의 강점은 다양한 객실과 독보적 소셜라이징 공간에 있다. 호스텔은 도미토리부터 개인실, 가족실까지 다양한 종류의 객실을 보유하며, 그 가운데 1층의 카페 겸 바는 크림스카의 또 다른 사교 공간으로 떠오르고 있다. 잠시 시간이 남으면 객실에 짐을 두고 호스텔 남쪽에 위치한 하블리츠코비 정원에 들러도 좋다.

체크 인(Czech Inn)
주소 Francouzská 240/76, 101 00 Praha-Vršovice
이용 가격 도미토리 1명당 600 CZK, 개인실 1,400 CZK, 아파트 2,600 CZK
웹사이트 www.czech-inn.com

사진 제공: 체크 인(Czech Inn)

미스 소피스 호텔
Miss Sophie's Hotel

미스 소피스 호텔에서는 좀 더 멋진 부티크 호텔을 경험할 수 있다. 이 호텔은 프라하 신시가지의 오래된 건물에 있는데, 낡은 건물 안에 현대적 감각의 디자인이 덧입혀졌다. 호스텔은 개인실, 도미토리, 아파트 등 다양한 유형의 객실을 제공하며 깔끔하면서도 단순한 인테리어가 인상적이다.

미스 소피스 호텔은 신시가지의 낡은 건물들이 대개 그렇듯 커다란 통유리로 햇살이 밝게 비추고, 벽은 흰색으로 마감되어 환한 느낌을 준다. 흰 벽과 목제 가구와 바닥이 조화를 이루는 방들은 소규모 호스텔의 친숙함과 디자인 호텔의 매력을 동시에 경험할 수 있게 한다.

미스 소피스 호텔(Miss Sophie's Hotel)
주소 Melounova 3, 120 00 Nové Mèsto
이용 가격 1,600 CZK~(홈페이지 참조)
웹사이트 www.miss-sophies.com/prague/newtown

호텔에는 밝고 화사한 분위기의 소피스 바 Sophie's Bar 가 있어 안락한 조식이나 식사를 즐길 수 있고, 게스트용 주방에서 간단한 식사와 스낵들을 준비할 수도 있다.

또한 호텔 위치가 프라하 남부의 관문으로 여겨지는 이 페 파블로바I.P. Pavlova 지하철역과 스테판스카Štěpánská 트램역 사이에 있어 시내 접근성이 좋은 반면, 관광지와도 어느 정도 떨어져 있어 프라하의 조용한 일상을 느낄 수 있다. 토요일이면 이 페 파블로바 역에서 파머스 마켓이 열리고, 근처에 한적한 카페나 오래된 바들이 많아 역 주변을 돌아보는 것도 의미가 있다.

사진 제공: 미스 소피스 호텔(Miss Sophie's Hotel)

서 토비스 호스텔
Sir Toby's Hostel

프라하 7구의 한적한 주택가 건물 한 채를 통째로 쓰고 있는 서 토비스 호스텔은 오래된 건물에 여행자 친화적인 분위기를 덧입혔다. 호스텔은 전체적으로 마감하지 않은 형태의 빈티지풍 인테리어와 가구로 단순하면서도 현대적인 느낌을 준다. 호스텔은 도미토리부터 개인실까지 다양한 형태의 숙박을 제공한다.

호스텔 1층에는 커다란 내부 테라스가 있는데, 가운데 빈공간을 카페로 만들었다. 붉은색 벽돌로 마감된 테라스에는 짙은 갈색 패턴의 벽과 나무가 우거진 테라스로 실내와 실외의 공간을 겸하게 되어 있다. 나무가 우거진 공간은 따뜻한 느낌을 자아내 호스텔을 방문하는 이들의 커뮤니티 공간 등 다양하게 활용된다.

호스텔 1층에는 아침엔 풍족한 조식, 밤엔 시원한 음료를 제공하는 바가 있고, 프라하 관련 책들이 비치된 작은 도서관도 있다. 호스텔은 7구의 카페 브니트로블록과 한 블록 거리에 있고 크로스 클럽, 포비든 스폿 등 다양한 문화 공간과 가까운 점도 장점이다.

서 토비스 호스텔(Sir Toby's Hostel)
주소 Dělnická 1155/24, 170 00 Praha 7-Holešovice
이용 가격 도미토리 1명당 300 CZK, 싱글/더블룸 600~800 CZK
웹사이트 www.sirtobys.com

사진 제공: 서 토비스 호스텔(Sir Toby's Hostel)

케이 플러스 케이 호텔 센트럴
K+K Hotel Central

아르누보 양식의 우아한 인테리어가 돋보이는 케이 플러스 케이 호텔 센트럴은 프라하 중앙역 Praha Hlavní Nádraží 과 구시가지 최대 백화점 팔라디움 Palladium , 체코 소도시들로 갈 수 있는 프라하 마사리코보역 Praha Masarykovo N. 의 중심에 있다.

이 호텔에선 유대인 지구와 천문시계, 공화국 광장까지 걸어서 갈 수 있고, 다양한 한국 식품을 판매하는 케이숍도 도보 1분 거리에 있다. 호텔 주변 식당으로는 현지인들이 자주 찾는 히베르니아 레스토랑 Restaurace Hybernia , 벨벳 맥주로 유명한 후사 Potrefená Husa Hybernská , 한국인들이 콜레

케이 플러스 케이 호텔 센트럴(K+K Hotel Central)
주소 Hybernská 10, 110 00 Nové Město
이용 가격 2,600 CZK~(웹사이트 참고)
웹사이트 www.kkhotels.com/prague/hotel-central

뇨를 먹으러 자주 찾는 콜코브나 첼니체 Kolkovna Celnice , 고급스러운 플레이팅을 선보이는 포트폴리오 레스토랑 Portfolio restaurant 등이 있어 늦은 밤의 식사 걱정을 덜 수 있다.

만약 체코의 다른 지역이나 독일로 버스를 타고 갈 일이 있다면 도보로 10분 거리에 플로렌스 버스터미널 ÚAN Florenc 이 있어서 타 도시로의 이동도 쉽다. 이른 아침, 케이 플러스 케이 호텔에서 제공하는 맛있는 조식을 먹고 독일의 드레스덴이나 체코 소도시들로 향하자.

사진 제공: 케이 플러스 케이 호텔 센트럴(K+K Hotel Central)

호텔 로트
Hotel Rott

말레 광장은 여름이면 노천에 자리를 편 카페와 음식점들로 붐빈다. 광장은 구시가지에서 카를교로 가는 길목에 있어서 어딘가로 향하는 수많은 관광객들과, 카페에 자리 잡고 앉아 지나가는 이들을 구경하는 또 다른 관광객들로 북적인다. 이 말레 광장이 잘 보이는 길목에 호텔 로트가 있다.

호텔 로트는 구시가지 중심부에 있고, 카를교와도 가까운 좋은 위치를 선점하고 있다. 말레 광장, 구시가지, 유대인 지구, 그리고 말라 스트라나 모두 걸어서 갈 수 있다. 간결하게 장식된 호텔 방에서 바라보는 말레 광장의 노천카페, 구시가지 골목들과 그 너머로 보이는 프라하성 등 오직 프라하에서만 볼 수 있는 풍경을 선사한다.

호텔 로트는 19세기에 지어진 기품 있는 건물에 자리 잡아 역사적인 분위기와 현대적 요소가 조화를 이룬다. 1층에 있는 뉘앙스 레스토랑Nuance Restaurant에서 저렴한 점심을 먹거나 맥주를 마시며 프라하의 이상적인 풍경을 눈여겨보는 것도 호텔을 즐기는 한 방법이다.

호텔 로트(Hotel Rott)
주소 Malé nám. 138/4, 110 00 Josefov
이용 가격 2,800 CZK~(웹사이트 참고)
웹사이트 www.hotelrott.cz/en

사진 제공: 호텔 로트(Hotel Rott)

비엔나 하우스 안델스 프라하
Vienna House Andel's Prague

'단순함이 가장 궁극적인 정교함이다'를 모토로 삼는 비엔나 하우스는 전 세계 10개국에 50개가 넘는 호텔을 소유한 호텔 체인이다. 그중 한국인들에게 가장 익숙한 호텔 중 하나가 바로 비엔나 하우스 안델스 프라하인데, 쇼핑과 상업 지구인 안델의 중심에 있어 여러모로 이동이 편리하다.

안델은 프라하 5구 스미호프에 있는 지역으로, 지하철 B선과 트램 4번, 6번, 7번, 9번, 10번, 12번, 14번 그리고 20번이 지나는 교통의 중심지다. 또한 안델에는 여러 다국적 기업들과 프라하에서 가장 큰 쇼핑몰인 노비 스미호프Nový Smíchov , 멀티플렉스 영화관인 시네마 시티와 시네스타

비엔나 하우스 안델스 프라하(Vienna House Andel's Prague)
주소 Stroupežnického 21, 150 00 Praha 5-Smíchov
이용 가격 3,000 CZK~(웹사이트 참고)
웹사이트 www.viennahouse.com/en/andels-prague

Cinestar 가 있고, 카를로비 바리 등 여러 도시로 떠날 수 있는 스튜던트 에이전시 Student Agency 정류장이 있다.

비엔나 하우스 안델스 프라하는 이처럼 쇼핑, 교통, 문화의 중심지인 안델에 있어 여행자들에게 다양한 경험을 제공한다. 단순한 디자인의 현대적 건축물 너머로 분주한 프라하 상업지구의 부티크 가게, 멋진 액세서리숍들, 트렌디한 음식점들을 직접 경험할 좋은 기회가 될 것이다.

사진 제공: 비엔나 하우스 안델스 프라하(Vienna House Andel's Prague)

호텔 그란디움 프라하
Hotel Grandium Prague

프라하 중앙역은 한국인 관광객들이 잘 발걸음 하지 않는 곳이다. 공항을 이용해 다른 유럽 국가에서 넘어오거나, 베를린이나 드레스덴, 카를로비 바리, 체스키 크룸로프로 갈 경우엔 버스 이동이 훨씬 저렴하기 때문이다. 하지만 체코 동쪽의 소도시 브루노 Brno 나 올로모우츠 Olomouc 를 갈 경우엔 다른 선택지가 생긴다. 다양한 체코 사람들과 부대끼며 여행할 수 있는 기차 여행이 그것이다.

호텔 그란디움 프라하는 프라하 중앙역 바로 옆에 있다. 호텔에서 역사까지는 걸어서 채 5분이 걸리지 않는데, 역뿐만 아니라 바츨라프 광장과 프라하 국립박물관도 걸어서 갈 수 있는 거리에 있다.

호텔 그란디움 프라하(Hotel Grandium Prague)
주소 Politických vězňů 913/12, 110 00 Nové Město
이용 가격 3,000 CZK~(웹사이트 참고)
웹사이트 www.hotel-grandium.cz/cs

이런 편리한 접근성 말고도 호텔은 근사한 조식과 아늑한 분위기로 많은 관광객들의 사랑을 받고 있다.

원래 야스민 호텔Yasmin Hotel 로 불렸던 이 호텔은 이름을 바꿔 새로 개장한 후 더욱 세련되고 현대적인 객실을 선보인다. 고급스러운 레스토랑뿐만 아니라 여름날의 화창한 내부 정원도 즐길 수 있다. 프라하 1구의 역사, 건축물, 문화를 조용히 감상하고 싶은 이들이나, 다음 날 체코의 소도시로 떠날 이들에게 호텔 그란디움 프라하를 권한다.

사진 제공: 호텔 그란디움 프라하(Hotel Grandium Prague)

호텔 요세프
Hotel Josef

들로우하 거리와 리브나Rybná 거리가 만나는 지점을 지날 때면 하늘을 올려다보는 버릇이 있다. 카페 노드에서 일 년마다 새로 설치하는 예술 작품이 걸려 있기 때문이다. 그곳엔 거대한 뼛조각이, 또는 지구 온난화를 경고하는 난파된 플라스틱 배가 매달려 있곤 했다. 그 골목 어귀에 현대적인 호텔이 하나 있는데, 바로 호텔 요세프다.

호텔 요세프는 미니멀리스틱한 디자인 호텔로 프라하의 중심지에 있다. 구시가지에서 도보로 5분 거리라 관광지 접근성이 좋고, 프라하성이나 카를교와도 가깝다. 들로우하 거리와도 가까워 세련된 음식점과 카페, 부티크를 찾아가기 편리하다. 호텔 안의 프랑스 베이커리와 조용한 정원, 피트니스 센터와 옥상 테라스 그리고 사우나도 들러볼 만하다.

다양한 수상 경력을 자랑하는 체코 건축가 에바 이르지츠나Eva Jiřičná에 의해 디자인된 객실들은 유리와 강철 소재로 현대미를 구현한다. 투명한 유리와 은색의 철제 가구들 너머로 오래된 프라하를 내다보면서 도시의 현재와 과거를 동시에 느껴보자.

호텔 요세프(Hotel Josef)
주소 Rybná 20, 110 00 Staré Město
이용 가격 4,000 CZK~(웹사이트 참고)
웹사이트 www.hoteljosef.com

사진 제공: StefanSchuetz.com

호텔 리버티
Hotel Liberty

프라하 지하철 A선과 B선이 가로지르는 무스테크^{Můstek}역을 나서면 체코의 중요한 역사적이 사건 들이 있었던 바츨라프 광장을 마주할 수 있다. 광장에서 구시가지로 가는 길목에 나 프르지코페^{Na} ^{příkopě} 거리가 있는데, 망고나 뉴요커, H&M, 미슬벡^{Myslbek} 백화점, 자라 등 다양한 상점이 밀집 한 곳이다.

나 프르지코페 거리에는 또한 완벽한 입지의 4성급 호텔, 호텔 리버티가 있다. 1894년에 지어진 이 호텔은 체코 교통의 중심지인 무스테크역 바로 앞에 있을뿐더러, 구시가지와 바츨라프 광장 사이에 있어 최고의 입지를 자랑한다. 5분만 걸어가도 각종 상점과 슈퍼마켓 알베르트^{Albert}, 빌라^{Billa} 등 이 있다.

호텔 리버티의 객실 몇 곳에선 발코니나 테라스를 이용할 수 있는데, 그곳에선 프라하에서 가장 분 주한 거리를 엿보는 호사를 누릴 수 있다. 아르누보 양식의 호텔 리버티가 선보이는 우아한 프라하를 느껴보자.

호텔 리버티(Hotel Liberty)
주소 28. října 376/11, 110 00 Staré Město
이용 가격 5,200 CZK〜(웹사이트 참고)
웹사이트 www.hotelliberty.cz

사진 제공: 호텔 리버티(Hotel Liberty)

알키미스트 그랜드 호텔 앤 스파
Alchymist Grand Hotel and Spa

프라하 1구에 있는 말라 스트라나의 트르지슈테^{Tržiště} 거리에는 미국 대사관, 아일랜드 대사관, 독일 대사관 등 각국 대사관이 밀집해 있는데, 근처에 대통령 집무실인 프라하성과 체코공화국 외교부가 있기 때문이다. 그래서인지 경찰이 상시 대기하는 트르지슈테 거리는 유럽에서 가장 안전한 프라하에서도 특히 안전한 지역이다.

트르지슈테 거리 한복판에 오래된 호텔이 하나 있다. 가장 화려한 프라하를 경험할 수 있는 5성급 호텔, 알키미스트 그랜드 호텔 앤 스파다. 이 호텔의 건축 시기는 500년 전으로 거슬러 올라간다. 1548년부터 트리지슈테 거리에 자리를 잡은 이 건물은 19세기의 체코 작가 프란티세크 팔라츠키

알키미스트 그랜드 호텔 앤 스파(Alchymist Grand Hotel and Spa)
주소 Tržiště 19/19, 110 00 Malá Strana
이용 가격 6,000 CZK~(웹사이트 참고)
웹사이트 www.alchymisthotel.com

František Palacký가 살았던 곳이며, 어린 예수의 조각상이 오랫동안 자리를 빛낸 곳으로도 알려져 있다.

이 오래된 호텔의 문을 열고 들어서면 상상 이상의 화려함이 눈앞에 펼쳐지며, 고풍스럽고 호화로운 인테리어는 흠잡을 데 없이 완벽하다. 아름다운 바로크 양식으로 건축되어 정제된 '사치'를 구현해내는 이 호텔은 프라하 1구 관광지들에 걸어갈 만한 거리에 있어 이동도 편리하다. 프라하에서 보내는 가장 사치스러운 시간, 중세에서 시간이 멈춘 듯한 알키미스트 그랜드 호텔 앤 스파에서 오래된 프라하를 즐겨보자.

사진 제공: 알키미스트 그랜드 호텔 앤 스파(Alchymist Grand Hotel and Spa)

INFORMATION

Information 1. 체코 국가 정보

□ **국가명**: 체코 공화국 Česká republika
□ **수도**: 프라하 Praha(영어명 Prague)
□ **언어**: 체코어
□ **위치**: 독일과 오스트리아 사이의 중앙유럽
□ **관광청**: www.czechtourism.com

알고 가면 재미있는 상식 정보 7

1 유럽의 심장

사회학자 에드워드 사이드가 오리엔탈리즘적인 사고로 서구가 묘사하는 동양의 모습에 대해 비판했듯, 유럽에서도 동유럽에 대한 낙인찍기와 차별이 횡행한다. 동유럽 국가들은 서유럽의 헤게모니 아래 이국적이고, 게으르고, 저발전 상태의 나라들로 묘사되곤 하는데, 체코는 그 편견을 과감히 깨버리는 곳이다. 여느 서유럽 국가보다 치안이 좋으며 삶의 만족도가 높은 체코. 기실 중앙유럽으로 분류되는 오스트리아보다도 더 서쪽에 영토가 있는 체코야말로 유럽의 심장에 있다 할 수 있지 않을까.

2 프라하의 봄

체코의 작가 밀란 쿤데라는 1960년대 프라하를 자유에 대한 욕망으로 들끓게 했던 체코슬로바키아 자유화운동인 '프라하의 봄'을 배경으로 《참을 수 없는 존재의 가벼움》이라는 책을 써냈다. 그는 국가와 개인 사이, 신념과 욕망 사이에서 갈팡질팡하는 네 명의 인물을 통해 큰 역사의 맥락과 비교해 가벼운 개개인의 존재에 대해 써내려간다. 알렉산데르 둡체크 정권의 '인간의 얼굴을 한 사회주의'는 결국 성공하지 못했지만, 체코 사람들은 덕분에 더 나은 봄날을 꿈꿀 수 있었다.

3 맥주의 향연

체코는 전 세계에서 1인당 맥주 소비량이 가장 많은 나라다. 과거 체코 레스토랑이나 술집에서는 맥주가 물보다 저렴할 때도 있었다. 이에 체코 보건부는 국민들의 맥주 소비량을 줄이기 위한 법을 제정했는데, 레스토랑이나 술집에서 맥주보다 저렴한 비알코올성 음료를 한 가지 이상을 팔게 하는 것이었다. 체코는 도시 안에서 소규모 양조장을 운영하는 식당을 쉽게 찾아볼 수 있어 유명 맥주뿐만 아니라 다양한 종류의 맥주를 마셔볼 수 있다. 참고로 체코는 알코올 도수가 아닌 몰트의 추출 비율로 맥주 도수를 표시하는데 12도 맥주는 5퍼센트에 해당한다.

4 역사의 분모

보후밀 흐라발, 밀란 쿤데라를 위시한 체코의 현대 문학은 어딘지 모르게 애잔하고 동시에 허무적이다. 이는 체코 영화에서도 그 특색이 뚜렷하게 나타나는데, 체코 영화들은 역사의 변곡점에서 무력한 개인들을 냉소적 유머로 포착해낸다. 이는 합스부르크가부터 오스트리아 - 헝가리 제국, 독일 나치 정권, 소련 치하의 공산 정권까지 이어지는 지배와 억압의 역사를 이겨내는 방법이 냉소와 해학에 있기 때문일 것이다. 체코의 영화관에서 영화를 볼 때 한국 사람과 체코 사람만 같이 웃는 건, 우리가 그들과 함께 가지고 있는 슬픈 공통분모 때문이다.

5 공산주의 혹은 자본주의

오랫동안 공산주의 정권하에 있던 체코는 여전히 윗세대들에게 공산주의 국가로 오해받곤 한다. 하지만 체코는 1989년 벨벳혁명을 통해 민주화를 이뤄냈고, 이제는 공업과 제조업 그리고 관광업이 발달한 자본주의 국가다. 동유럽권 국가들이 대개 그렇듯 체코도 유럽과 러시아 사이에서 줄다리기를 하는데, 최근 연임에 성공한 밀로시 제만 대통령은 반이민, 반이슬람, 반유럽 연합을 기치로 내세운 우파 성향의 인물로 친중국과 친러시아의 행보를 잇고 있다. 그가 지명한 기업가 출신 총리 안드레이 바비시는 유럽 연합의 보조금을 유용해, 2019년 여름 프라하에서 벨벳혁명 이후 최대 규모의 시위가 열리기도 했다.

6 체코 문학

프란츠 카프카^{Franz Kafka} _ 프라하의 관광 거리, 황금소로에는 실존주의 소설가 프란츠 카프카의 작업실이 있다. 카프카는 이 조그만 작업실에서 《시골의사》, 《학술원에 보내는 보고서》 등 수많은 명작을 탄생시켰다. 그의 소설 《성》을 읽다 보면 이 황금소로 골목을 떠올리게 된다.

밀란 쿤데라^{Milan Kundera} _ 프랑스로 망명한 뒤 그는 다양한 소설을 펴냈는데, 소련 체제에 저항하는 체코 시민들의 이야기를 다룬 《웃음과 망각의 책》, 프라하의 봄이라는 역사적 상황에서 네 남녀의 삶과 죽음, 사랑과 우정을 다룬 《참을 수 없는 존재의 가벼움》 등이 그것이다.

보후밀 흐라발^{Bohumil Hrabal} _ 체코 소설의 슬픈 왕으로 불렸던 《영국 왕을 모셨지》, 《너무 시끄러운 고독》 등을 펴냈다. 그의 글을 따라가다 보면 사회 낙오자, 주정뱅이, 가난한 예술가 등 체코 주변부의 삶을 응시할 수 있다. 프라하의 봄 이후 1989년까지 정부의 검열과 감시로 많은 작품이 20여 년간 출판 금지되었음에도 조국을 떠나지 않았던 그의 글들은 사실적 풍자로 일상을 환상적으로 묘사해낸다.

7 체코 영화

밀로스 포먼^{Miloš Forman} _ 60년대에 체코 영화계에서 이른바 '체코 뉴웨이브'를 이끈 대표적인 기수 중 한 명으로, 아카데미 수상작인 〈아마데우스〉와 〈뻐꾸기 둥지 위로 날아간 새〉로 한국인들에게 잘 알려졌다. 그가 초기에 체코에서 만든 영화들을 찾아보자.

얀 스베라크^{Jan Svěrák} _ 1991년 자전적 이야기를 다룬 코미디 영화 〈더 엘레멘터리 스쿨〉로 데뷔했으며, 체코의 신세대 감독 중 가장 인지도가 높다. 아름다운 정서로 그려지는 그의 영화는 사회의식을 놓지 않은 채 시대의 주제에 대해 집요하게 파고든다. 〈빈 병들〉, 〈베어풋〉 등의 영화에서 그는 풍자와 해학을 통해 개인의 서사를 민족의 역사에 중첩시킨다.

이리 멘젤^{Jiří Menzel} _ 냉소적 해학을 제대로 드러낸 영화 〈가까이서 본 기차〉와 〈나는 영국 국왕을 모신 적이 있다〉의 감독으로 체코 작가 보후밀 흐라발의 열렬한 추종자인 감독은 흐라발 소설을 원작으로 하는 영화를 줄곧 만들었다. 1991년에는 체코 대통령 바츨라프 하벨을 소재로 한 〈거지의 오페라〉를 발표하기도 했다.

알아두면 여행이 재미있는 역사 정보 10

*체코 각 지역은 특유의 역사를 담고 있다. 그 역사를 조금이나마 알고 가면 좀 더 뜻깊은 추억을 만들 수 있을 것이다.

1 623 건국

국가의 기원은 고대 말기 동유럽에서 중앙유럽으로 이주해온 슬라브족의 한 분파로 거슬러 올라가며, 현 체코인들은 서기 5세기에서 6세기경에 정착한 것으로 보인다. 서기 623년경에 **사모 왕국(623~658)이 건국**되었다가 분열된 이후, 다시 국가다운 국가가 나올 때까지 상당한 시간이 걸렸다.

2 830 국가 통일

서기 9세기 무렵에 **모라비아 왕국(830~907)**이 등장하며 체코 동부 일대와 폴란드 남부, 슬로바키아 서부 일대를 지배했다. 모라비아 왕국의 역사적 의의로는 고대 체코와 슬로바키아가 하나의 국가로 통일되었다는 데 있다.

3 1198 보헤미아 왕국 건설

10세기경 프르셰미슬족이 체코 부족을 통합하여 보헤미아를 중심으로 중앙집권적 **보헤미아 왕국(1198~1918)을 건설**했다. 14세기 초부터 룩셈부르크 왕조가 체코를 지배했는데, 이 시기는 체코 역사상 황금기로 간주된다. 1355년 카를 4세가 신성로마제국 황제로 즉위한 후 프라하는 제국의 중심이 되었으며, '**보헤미아의 왕관**'으로 불렸다.

4 1526 영토 승계

1526년에 희대의 영토 승계가 이루어지는데, 체코와 헝가리의 야기에오 왕가가 오스만 제국에 패하고, 합스부르크 왕가의 페르디난트 1세가 체코와 헝가리의 왕이 된 것이다. 이때부터 체코는 300년 가까이 **합스부르크 왕가(1526~1867)**의 지배를 받았다. 이 시기에 가톨릭의 합스부르크 왕가와 프로테스탄트의 보헤미아 귀족들이 벌인 30년 전쟁이 발발했고, 18세기와 19세기 무렵엔 민족의식이 싹트기도 했다.

5 1867 오스트리아-헝가리 제국 탄생

1867년 오스트리아-헝가리 제국의 탄생 이후 체코는 오스트리아, 슬로바키아는 헝가리에 의해 각각 지배되었다. 1900년 토마시 마라시크는 현실주의 정당을 설립하여 의회정치와 보통선거를 주장했고, 슬로바키아에서도 민족운동이 시작되었다.

1939 독일 합병 7

1939년 3월에는 나치 독일이 체코슬로바키아를 합병하여 보헤미아, 모라비아가 독일 보호령(1939~1945)이 되었다. 1945년 5월 9일에는 소련군이 프라하에 입성하였다.

1918 체코슬로바키아 공화국 성립 6

사회학자이자 교수인 토마시 마사리크가 초대 대통령이 되어 체코슬로바키아 공화국(1918~1939)이 성립되었다. 동유럽의 파리라 불릴 정도로 번영했던 체코는 드디어 제 목소리를 내나 싶었지만, 곧 제2차 세계 대전을 맞이하게 된다.

8 1945 제3공화국 출범

1945년 4월 제3공화국(1945~1948)이 출범했다. 이후 1948년 소련의 지원을 받는 공산주의자들의 쿠데타로 멸망했고, 공식적인 국호는 1960년 제정된 사회주의 헌법에 따라 체코슬로바키아 사회주의 공화국(1960~1989)으로 바뀌었다. 소련에 경제적·정치적·군사적으로 종속되어 위성국가로 전락한 체코는, 1968년 이른바 '프라하'로 스탈린 공산주의에서의 해방을 요구했지만 소련이 보낸 군대에 의해 무차별 진압당했다.

9 1989 벨벳혁명

소련 붕괴의 시기, 체코에서는 1989년 11월 벨벳혁명을 통한 자유 민주 정부가 탄생했다. 1990년 체코는 국명을 체코슬로바키아 사회주의 공화국에서 체코와 슬로바키아 연방공화국(1990~1992)으로 변경했다.

1993 체코공화국 10

1993년 체코와 슬로바키아는 양자의 차이를 인정하고 평화적으로 분리, 독립하기로 결의했다. 이로써 1993년 1월 1일부터 체코공화국(1993~)은 어느 한 나라에 귀속된 역사가 아닌, 진정한 체코인만의 역사를 시작한다.

Information 2. 프라하 도시 정보

□ **도시명:** 프라하 Praha(영어명 Prague)
□ **위치:** 체코 북서쪽
□ **프라하 공식 여행 포털사이트:** www.prague.eu/ko

알고 가면 좋은 프라하 정보 10

1 프라하의 날씨

체코는 바다가 없는 내륙국이고, 프라하는 산으로 둘러싸인 분지 지형이다. 그 때문에 프라하의 여름은 매우 덥고 겨울은 추운, 연교차가 큰 대륙성 기후를 띤다. 프라하의 여름은 36, 37도까지 올라가고, 겨울은 영하 1~2도까지 내려간다. 서울보다는 덜 덥고 덜 춥지만, 주변국과 비교하면 꽤 추운 날씨다. 여름의 프라하는 서머타임의 영향을 받아 오후 아홉 시까지 해가 떠 있고, 겨울에는 반대로 네 시면 해가 지평선 너머로 저문다. 비는 종종 오나 소나기처럼 내려서, 프라하 사람들은 종종 우산을 쓰지 않고 비 사이를 휘젓고 다닌다. 눈은 몇 년에 한 번 올까 말까 하니, 눈 덮인 프라하를 마주했다면 최대한 두 눈 가득 담고 떠나자.

2 통화와 환전소

프라하에서는 코루나라는 화폐 단위를 사용한다. 유로로 가져가서 코루나로 환전하는 방식을 추천. 프라하 환전소를 찾다 보면 수수료가 없다고 적어놓고 수수료를 징수하는 경우가 종종 있다. 환전이 고민인 이들에게 체코인들도 종종 찾는 환전소 몇 군데를 추천한다.

● **1 유로**EUR = **25 코루나**CZK(2019. 09 기준)

● **프라하 환전소** Praha Exchange　　● **망고 환전소** MANGO DÖVİZ　　● **알파 프라하** Alfa Prague

3 팁

팁은 보통 10퍼센트 정도를 지불한다. 230 CZK가 계산서에 나왔을 때 25 CZK 정도를 지불하면 된다. 다만 팁은 언제나 서비스에 상응하는 대가로 지불하는 것이므로 팁을 강요받거나, 서비스가 형편없다면 팁 지불을 과감히 거부하자.

4 편의점

프라하 사람들에게 편의점은 포트라비니다. 24시간 운영되는 편의점이 곳곳에 있는 한국과 달리 프라하의 마트들은 오후 11시에 문을 닫는다. 하지만 대형마트가 동네마다 있는 게 아니다 보니 프라하 사람들은 포트라비니를 주로 이용한다. 대부분의 포트라비니는 현재 베트남계 주민들에 의해 운영되고 있다. 많은 물건을 살 계획이라면 가장 가까운 알베르트, 빌라, 리들Lidl, 테스코 등의 큰 마트를 이용하자.

5 물

대부분의 프라하 시민들은 수도꼭지에서 나오는 물을 받아 마신다. 다만 여행자로서 조심해서 나쁠 것이 없으니 빌라나 알베르트 같은 슈퍼마켓에서 물을 사 마셔도 좋겠다. 프라하 시내 곳곳에는 식수를 마실 수 있는 음수대가 있어서 목이 마르면 그곳에서 목을 축이거나 병에 물을 채워 갈 수도 있다.

- 프란티슈칸스카 정원 Františkánská zahrada: https://goo.gl/maps/2ogVXp5eDgC2
- 보디츠코바 Vodičkova: https://goo.gl/maps/hmSuaNMCkf1AtTMt8
- 보야노비 정원 Vojanovy sady: https://goo.gl/maps/M6N6NJVmtQMEnbPn6
- 말로스트란스카역 Malostranská: https://goo.gl/maps/B7YzXUHnG3pQW5fQ7

6 화장실

모든 유럽의 여행지가 그렇듯 프라하에도 무료 공중화장실의 개념이 없다. 대부분의 화장실은 돈을 지불하거나, 해당 식당 혹은 카페의 서비스를 이용해야만 이용할 수 있다. 다만 프라하에도 숨겨진 무료 화장실들이 있으니, 이 장소들을 기억해놓자.

- 구시청사 Staroměstská radnice: https://goo.gl/maps/q5wTZcATUov
- 시청사 Magistrát hlavního města Prahy: https://goo.gl/maps/pxPnSbQw9ap
- 프라하 시립도서관 Městská knihovna v Praze: https://goo.gl/maps/LmebUuVoRk22
- 카를대학교 Filozofická fakulta Univerzity Karlovy v Praze: https://goo.gl/maps/ycw78GK5s7E2
- 프란티슈칸스카 정원 Františkánská zahrada: https://goo.gl/maps/2ogVXp5eDgC2
- 팔라디움 백화점 Palladium: https://goo.gl/maps/RKjCDYCii8HspEia6
- 반그라프 백화점 Van Graaf: https://goo.gl/maps/umkkK4T7XngLwbKw8

7 프라하 주요 구역 설명

프라하에서 관광객들이 주로 방문하는 곳들은 시내 중심부에 몰려 있다. 대부분의 공간은 프라하 1구나 2구, 조금 멀리 떨어져 봤자 6구에 있다. 프라하에는 숫자로 구분한 행정 구역 말고도 비노흐라디나 칼린처럼 이름이 붙은 구역들이 있는데, 이는 예전의 행정 구역 명칭이다. 프라하 구역들에는 나름의 특성이 있다. 프라하 1구에는 유명 관광지들이 모여 있고, 프라하 2구의 비노흐라디에는 채식주의자들이나 힙스터들이 주로 발걸음 한다. 프라하 3구의 지슈코프는 히피 문화를 느낄 수 있는 술집이 몰려 있고, 프라하 7구에는 갤러리와 공원이 가득하다.

8 교통과 트램

지하철(메트로)과 버스, 트램을 모두 사용하며 티켓 또한 같은 표로 환승이 가능하므로 대중교통 활동이 쉬운 편이다. 그러나 프라하에서 많은 사람들은 지상으로 다니며, 그림 같은 프라하를 즐길 수 있는 트램을 많이 탄다.

● 프라하 23번 트램

많은 관광객이 오래된 트램 41번을 타고 프라하를 구경한다. 백 년 전의 시가 전차를 타는 경험은 낯설지만 매력적이다. 하지만 조금 더 일상적인 프라하를 경험하고 싶은 이들에겐 트램 23번을 권한다. 2017년 3월부터 특별히 운행을 시작한 트램은 1960년대에 제작된 T3 트램으로만 운행되며 이 페 파블로바, 카를로보 나메스티, 말로스트란스카, 프라하성 정류장 등 프라하의 가장 핵심적인 관광지들을 지난다. 트램은 특별한 승차권 구매 없이 일반 트램이나 지하철 티켓으로 이용이 가능하다.

● 야간 트램

프라하의 지하철은 오전 4시부터 자정까지 운영되지만 야간 트램이 24시간 운영되므로 막차에 대한 걱정을 덜어도 좋다. 프라하에는 총 550대의 트램이 있고, 1번부터 26번이 주간 트램, 51번 트램부터 59번 트램이 야간 트램이다. 야간 트램은 배차 간격이 길다 보니 정확한 시간 확인이 필수다.

9 프라하의 공원과 정원들

프라하 관광청에 따르면, 프라하는 녹지 점유율이 57퍼센트에 달해 도시 전체의 반절이 녹지에 해당한다. 이는 인구당 녹지 비율의 전 세계 수도에서 6위에 해당하는 수치인데, 정말로 프라하에선 어딜 가나 녹음을 마주할 수 있다. 분주한 관광지의 도시에서 조금만 벗어나면 만날 수 있는 프라하의 정원과 공원, 그곳의 시간은 다르게 흘러간다.

● 프라하의 공원들

프라하의 북쪽엔 1931년에 문을 연 프라하 동물원 Zoologická zahrada Praha 밑으로 13세기에 보호구역으로 조성된 스트로모브카 공원이 있고, 서쪽으로는 공항 근처에 여름의 수영장이 아름다운 디보카 사르카 자연공원이 있다. 동쪽과 남쪽으로는 대여섯 개의 자연공원이 프라하를 에워싸고 있는데, 그중 사람들이 가장 많이 찾는 곳은 동남쪽의 호스티바르 자베리체 공원 Přírodní park Hostivař-Záběhlice이다. 그 외에도 도시 한가운데에 있는 레트나 공원, 하블리츠코비 정원 등은 현지인과 관광객 모두의 발길을 끈다.

● 여름 정원

프라하에는 공원만큼이나 정원들이 곳곳에 있는데, 프라하성 주변에 특히 많은 정원이 있다. 꽃이 흐드러지게 피는 정원에는 봄과 여름에 가장 붐비고, 가을이면 서서히 동면에 들어갈 준비를 한다. 정원들은 대개 4월부터 10월까지만 문을 연다.

10 인플루언서

체코 프라하에도 인스타그램과 유튜브를 활용해 프라하 곳곳의 소식과 팁을 들려주는 인플루언서들이 있다. 그들이 제공하는 정보들은 현지인이 아니면 알 수 없는 게 다수인데, 매일 업데이트되는 정보들을 통해 가장 일상적인 프라하를 만날 수 있다.

● **어니스트 가이드 Honest Guide:** 야네크Janek과 혼자Honza가 운영하는 유튜브 채널인 어니스트 가이드는 가장 멋진 루프톱 카페, 사기당하지 않고 환전하는 방법, 프라하의 아이스링크 등 관광객들이 궁금해할 만한 주제를 유쾌한 어조로 다룬다. (@realhonestguide)

● **프라하 투데이 Prague Today:** 플리마켓, 전시, 축제, 주간 이벤트 등 없는 정보가 없는 프라하 정보 인스타그램. 프라하에 대한 모든 정보를 실시간으로 소개한다. (@praguetoday)

● **테이스트 오브 프라하 Taste of Prague:** 배가 고프다면 스크롤을 내리지 말 것! 프라하의 모든 맛집을 다루는 인스타그램 계정, 테이스트 오브 프라하는 체코 음식 투어와 와이너리 투어를 진행하기도 한다. 최근 새로 팀에 합류한 두 살배기 JJ의 귀여운 미소는 덤. (@tasteofprague)

● **암비엔테 Ambiente:** 체코 최고의 외식 그룹 암비엔테. 그들이 소개하는 맛의 향연이 펼쳐지는 인스타그램 계정이다. 저녁으로 무엇을 어디서 먹을지 고민이라면 이들의 계정에서 힌트를 얻자. (@ambiente_restaurants)

● **프라하 커피숍 Prague Coffee Shops:** 프라하 카페 가이드 인스타그램 계정. 매일 아침을 커피로 시작하는 체코인들에게 카페는 일상에서 뗄 수 없는 공간이다. 가장 평범한 카페부터, 수많은 이들이 발걸음 하는 유명 카페까지, 프라하 커피숍의 발걸음을 따라가면 매일 새로운 카페로 향할 수 있다. (@praguecoffeeshops)

미리 알아보는 프라하 축제

일 년 사시사철 축제가 열리는 체코. 프라하 봄 국제음악제와 체코 맥주 축제부터 빛의 향연인 시그널 페스티벌까지, 프라하는 축제를 빼놓고 설명할 수 없다. 이러한 대형 축제뿐만 아니라 현지인들만 아는 축제들도 있는데, 체코의 움프룸국립예술대학의 졸업전시회, 칼린의 여름 영화제 등이 그렇다. 축제 정보는 대부분 페이스북의 '내 주변 이벤트'에서 확인 가능하며, 페이스북 기반으로 참가 신청을 받기도 한다.

5

● **프라하 봄 국제음악제**
Mezinárodní hudební festival Pražské jaro

'프라하의 봄'이라 불리는 프라하 봄 국제음악제는 제2차 세계 대전 이후 1946년부터 시작된 프라하 문화 행사 중 가장 큰 행사이다. 음악제는 체코가 낳은 위대한 작곡가 스메타나의 서거일인 5월 12일을 기념하는 날에 그의 교향시 〈나의 조국〉을 공연함으로써 시작되며 6월 초까지 약 3주간 이어진다.

● **체코 맥주 축제**
Český pivní festival

체코 맥주 축제에서는 체코 맥주뿐만 아니라 전 세계 약 150종의 맥주를 맛볼 수 있다. 축제는 매년 5월에 열리며 보통 레트나 공원에서 개최된다. 여름의 초입에 마시는 맥주만큼 달콤한 음료가 또 있을까.

6

● **박물관의 밤** Pražská muzejní noc
매년 6월에 열리는 박물관의 밤 행사는 프라하 전역 박물관들의 야간 개장 행사다. 국립박물관, 카를대학교, 프라하 중앙역, 프라하 음악박물관 등 여러 박물관에서 시민들과 관광객들에게 늦은 밤까지 전시를 개방한다.

7

● **보헤미아 재즈 페스티벌** Bohemia JazzFest
매년 7월이 되면 유럽에서 가장 큰 재즈 페스티벌 중 하나가 프라하에서 개최된다. 바로 보헤미아 재즈 페스티벌인데, 프라하에서 시작해 도마슐리체, 타보르, 플젠, 리베레츠, 브르노, 피세크, 프라하티체 등 체코의 도시들까지 재즈의 선율로 채운다.

● **카를로비 바리 국제영화제**
Mezinárodní filmový festival Karlovy Vary
카를로비 바리 국제영화제는 매년 7월에 열린다. 영화제는 오랜 세월 동안 개최되어 세계적인 명성을 얻었으며, 이제 유럽의 중요 영화 행사 가운데 하나가 되었다.

● **컬러스 오브 오스트라바** Colours of Ostrava
최근 유럽에서 가장 주목받고 있는 페스티벌 중 하나인 컬러스 오브 오스트라바는 체코 오스트리바 지역에서 다양한 장르를 수용하는 음악 페스티벌이다. 오스트라바는 석탄 산업의 중심지였으나 석탄의 쇠락과 함께 몰락했다. 이 낡은 공업 지대에서 진행되는 7월의 페스티벌은 폐쇄 광산을 현대적으로 재해석한 공간에서 진행된다.

10

● **시그널 페스티벌** Signal
10월에 열리는 시그널 페스티벌은 나흘 동안 진행되며, 조명과 빛으로 프라하를 수놓는다. 체코와 외국의 예술가들이 참가해 거리와 공원, 광장에 설치예술을 선보이고, 유명 관광지들의 랜드마크 건물들에 빛을 쏴 아름다운 예술 작품을 만들기도 한다.

● **디자인블록** Designblok
디자인블록은 매년 10월에 프라하에서 열리는 디자인 전시 축제다. 중앙유럽에서 가장 큰 규모의 디자인 패션 축제며, 그 시작은 1999년으로 역사를 거슬러 올라간다. 디자인블록에서는 유럽 전역에서 가장 흥미로운 디자인들을 경험할 수 있다.

놓치면 아쉬운 음식·음료·술

 체코에는 기본적으로 세 가지 형태의 물이 있다. 뚜껑이 빨간 물병에 담긴 물 perlivá voda에 탄산이 가장 많고, 초록색 뚜껑의 물 jemně perlivá은 탄산 기가 약간 있으며, 파란색 뚜껑의 물은 탄산이 전혀 없는 생수다. 탄산수를 좋아하지 않는 이들은 참고하도록 하자.

주류

체코는 세계에서 개인당 맥주 소비량이 가장 많은 국가이며, 필스너의 고향이기도 하다. 맥주뿐만 아니라 모라비아 지역에서 생산되는 와인도 유명한데, 대부분 체코 국내에서 소비돼서 수출된 와인을 찾아보기 힘들다. 전통주인 베헤로브카 Becherovka와 슬리보비체 Slivovice 또한 특별하다.

● 맥주
개인당 맥주 소비량 세계 1위라는 수식어 없이 체코 맥주를 달리 어떻게 설명할 수 있을까. 환상적인 맛과 저렴한 가격으로 무장한 체코 맥주들은 전 세계 사람들의 사랑을 독차지하고 있다. 맥주 브랜드로는 필스너 우르켈, 스타로프라멘, 코젤 Kozel, 감브리누스 Gambrinus 등이 유명한데, 그보다 최대한 다양한 맥주를 직접 마셔볼 것을 권한다.

● 와인
맥주로 잘 알려진 체코는 이천 년에 이르는 유구한 와인 생산 역사와 가정마다 와인 저장고를 지닐 정도로 뿌리 깊은 와인 문화를 지니고 있다. 체코 동쪽의 모라비아에서 체코 와인의 96퍼센트가 생산되며, 프라하의 와인 가게들에서도 쉽게 와인을 접할 수 있다. 이런 체코에서 와인은 사치품이라기 보다 일상의 일부분이다. 동네 와인 가게에 들러 1리터짜리 페트병 가득 와인을 채워 마셔보자.

● 베헤로브카
베헤로브카는 체코의 유명 전통주이자 각종 허브와 약초로 만들어진 약주이다. 체코인들은 종종 식전이나 소화가 안 될 때 베헤로브카를 한 잔씩 마시곤 한다. 계피와 생강 향이 살짝 나는 베헤로브카는 38도 술로 동네 어느 슈퍼마켓에서나 쉽게 구입할 수 있다.

● 슬리보비체
슬리보비체는 자두 slíva를 발효시켜 만든 와인을 다시 증류시켜 만든 브랜디로, 과일 브랜드의 일종인 라키야의 한 종류다. 체코 사람들은 종종 40도를 오가는 슬리보비체를 직접 담그곤 하며, 동네 마트에서도 쉽게 찾을 수 있다. 체코 친구를 만들 기회가 있다면 반드시 그 친구의 할아버지가 만든 슬리보비체를 마셔봐야 한다.

음식

체코 음식 문화는 오랫동안 주변 국가들과 영향을 주고받았다. 중앙유럽에서 사랑받는 각종 케이크와 페이스트리는 체코에서 유래를 찾을 수 있고, 체코에서 유명한 굴라시나 슈니첼 또한 헝가리나 독일의 영향을 받는 등, 그 교류가 오랫동안 지속되었다. 가장 체코적인 음식들로 무엇이 있는지 알아보자.

● 크네들리키 Knedlíky

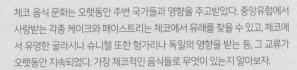

크네들리키는 밥 대용으로 즐길 수 있는 체코식 찐빵으로 밀가루를 반죽해 만든다. 감자, 소시지 등을 같이 반죽하기도 하고, 만두처럼 속 안에 각종 재료를 채워 넣기도 한다. 크네들리키는 대부분 소 등심 요리 등 고기 요리와 같이 곁들여 먹는다.

● 오블로제네 흘레비츠키 Obložené chlebíčky

흘레비츠키 혹은 흘레비첵 Chlebíček 은 체코와 슬로바키아 지역의 오픈 샌드위치 요리다. 흘레비츠키는 보통 에피차니저나 스낵으로 사랑받는데, 얇게 자른 빵 위에 다양한 토핑이 올라가는 게 매력이다. 훈제 연어와 양파, 훈제 소고기와 타르타르소스, 프라하 햄과 마요네즈 등 다양한 형태의 흘레비츠키가 음식점의 개성에 따라 판매된다. 3개의 흘레비츠키면 한 끼 식사로도 충분하다.

● 스비치코바 Svíčková

스비치코바는 소고기 등심과 크림소스라는 뜻의 요리다. 각종 향신료와 함께 삶은 소고기가 스메타네 Smetaně 라고 부르는 크림이나 크랜베리 소스, 사워크라우트와 곁들여 나온다. 스비치코바는 일반적으로 크네들리키와 함께 먹는다.

● 스마제니 시르 Smažený sýr

치즈를 통째로 튀긴 요리로, 보통 타르타르소스나 감자튀김과 함께 나오는 치즈튀김이다. 일반적으로 에담 치즈와 헤르멜린 치즈를 사용하며, 1센티미터 정도의 두께의 치즈를 밀가루, 달걀, 빵가루 반죽으로 빚어 튀겨낸다.

● 나클라다니 헤르멜린 Nakládaný hermelín

치즈 절임인 나클라다니 헤르멜린은 올리브오일과 향신료로 숙성시킨 치즈로 독특한 향취를 가진다. 빵과 채소와 함께 곁들이며 맥주와 환상적인 궁합을 자랑한다.

음료

● 코폴라 Kofola

1960년대에서부터 생산된 탄산음료 코폴라는 특별한 맛과 아로마 향이 있는 체코의 콜라다. 부드러운 목 넘김의 탄산은 코카 콜라의 그것과 조금 다르면서도 중독적인 맛을 선사한다. 체코인들의 자존심이라 할 수 있는 코폴라는 14종의 허브와 감초 등으로 가벼운 과일 맛을 낸다. 체코와 슬로바키아에서만 마실 수 있는 체코식 콜라, 코폴라를 권한다.

● 비네아 Vinea

비네아는 체코와 슬로바키아에서 가장 유명한 포도 맛 탄산음료다. 비네아는 페지노크 Pezinok의 와이너리 전문가들에 의해 처음 만들어졌는데, 1973년 정부와의 계약에 따라 콜라와 시트러스 탄산음료의 건강한 대체재로 개발되었다고 한다. 1974년 처음 대중에게 선보여진 비네아는 여전히 체코인들의 사랑을 받고 있다.

● 말리노브카 Malinovka

라즈베리 소다로 번역되는 말리노브카는 사실 라즈베리가 하나도 들어 있지 않은 탄산음료다. 코폴라만큼이나 체코에서 유명하며, 어떤 체코 음식과도 궁합이 잘 맞아 체코인들의 사랑을 받는다. 체코의 조그만 레스토랑에선 대부분 코폴라나 말리노브카를 생맥주 따라주듯 탭으로 따라주니 꼭 마셔보자.

Know-how

CHECK LIST

프라하 여행 기본 단어

My travel plan

MY DATA

☐ NAME

☐ NATIONALITY

☐ PASSPORT NO.

☐ ADDRESS

☐ MOBILE PHONE

☐ E-MAIL

☐ HOTEL NAME

☐ HOTEL ADDRESS

☐ HOTEL CONTACT NO.

CHECK LIST

- ☐ 여권
- ☐ 여권 사본(분실 대비)
- ☐ 여권용 사진(분실 대비 사진 2개)
- ☐ 여행자보험증서
- ☐ 여행 예약 서류(숙소, 항권권, e-티켓 등)
- ☐ 신용(체크)카드
- ☐ 국제운전면허증
- ☐ 멀티 어댑터
- ☐ 보조배터리(위탁수화물 금지)
- ☐ 충전기, 이어폰
- ☐ 카메라
- ☐ 다이어리(노트), 볼펜
- ☐ 치약, 칫솔
- ☐ 세면용품(클렌징, 샴푸, 린스)
- ☐ 수건
- ☐ 화장품

- ☐ 자외선 차단제
- ☐ 면도기, 빗
- ☐ 속옷
- ☐ 여분의 옷과 양말
- ☐ 수영복
- ☐ 편한 신발
- ☐ 작은 가방
- ☐ 모자
- ☐ 선글라스
- ☐ 우산
- ☐ 지퍼 팩
- ☐ 물티슈
- ☐ 한국 음식
- ☐ 비상약
- ☐ 여성용품
- ☐ 가이드북/지도

프라하 여행 기본 단어

☐ 안녕하세요.	도브리 덴	Dobrý den
☐ 안녕히 가세요.	나슬레다노우	Nashledanou
☐ 감사합니다.	데꾸이	Děkuji
☐ 죄송합니다.	프로민떼	Promiňte
☐ 그렇게 하세요.	프로심	Prosím
☐ 네.	아노	Ano
☐ 아뇨.	노	No
☐ 도와주세요.	포모츠	Pomoc
☐ 건배	나 즈드라비	Na zdraví
☐ 식사 맛있게 하세요.	도브로 훗	Dobrou chuť
☐ 이해를 못 하겠어요.	네로주밈	Nerozumím
☐ 체코어를 할 줄 몰라요.	넴루빔 체스키	Nemluvím česky
☐ 물	보다	Voda
☐ 맥주	피보	Pivo
☐ 맥주 한 잔 주세요.	예드노 피보 프로심	Jedno pivo prosím
☐ 맥주는 내 삶이야.	피보 예 무이 지봇	Pivo je můj život
☐ 와인	비노	Víno
☐ 와인 한 잔	스클레니츠쿠	Jednu skleničku vína
☐ 레드 와인	체르베네 비노	Červené víno
☐ 화이트 와인	빌레 비노	Bílé víno

My travel plan

Day.

Date.

- [ ]
- [ ]
- [ ]
- [ ]
- [ ]
- [ ]
- [ ]
- [ ]
- [ ]
- [ ]
- [ ]
- [ ]
- [ ]
- [ ]
- [ ]

My travel plan

Day.

Date.

- [ ]
- [ ]
- [ ]
- [ ]
- [ ]
- [ ]
- [ ]
- [ ]
- [ ]
- [ ]
- [ ]
- [ ]
- [ ]
- [ ]
- [ ]

My travel plan

Day.

Date.

- [ ]
- [ ]
- [ ]
- [ ]
- [ ]
- [ ]
- [ ]
- [ ]
- [ ]
- [ ]
- [ ]
- [ ]
- [ ]
- [ ]
- [ ]

My travel plan

Day.

Date.

- [ ]
- [ ]
- [ ]
- [ ]
- [ ]
- [ ]
- [ ]
- [ ]
- [ ]
- [ ]
- [ ]
- [ ]
- [ ]
- [ ]

My travel plan

Day.

Date.

- [ ]
- [ ]
- [ ]
- [ ]
- [ ]
- [ ]
- [ ]
- [ ]
- [ ]
- [ ]
- [ ]
- [ ]
- [ ]
- [ ]
- [ ]

My travel plan

Day.

Date.

- ☐
- ☐
- ☐
- ☐
- ☐
- ☐
- ☐
- ☐
- ☐
- ☐
- ☐
- ☐
- ☐
- ☐

My travel plan

Day.

Date.

☐

☐

☐

☐

☐

☐

☐

☐

☐

☐

☐

☐

☐

☐

☐

My travel plan

Day.

Date.

- [ ]
- [ ]
- [ ]
- [ ]
- [ ]
- [ ]
- [ ]
- [ ]
- [ ]
- [ ]
- [ ]
- [ ]
- [ ]
- [ ]
- [ ]

My travel plan

Day.

Date.

- [ ]
- [ ]
- [ ]
- [ ]
- [ ]
- [ ]
- [ ]
- [ ]
- [ ]
- [ ]
- [ ]
- [ ]
- [ ]
- [ ]
- [ ]

My travel plan

Day.

Date.

- [ ]
- [ ]
- [ ]
- [ ]
- [ ]
- [ ]
- [ ]
- [ ]
- [ ]
- [ ]
- [ ]
- [ ]
- [ ]
- [ ]

저자 소개

이한규

전구색 등과 일몰 무렵의 하늘, 읽지 못하지만 끊임없이 사는 책들과, 그 책을 읽다가
깜박 잠드는 순간을 사랑한다. '지금 이 순간이 내 삶에서 제일 행복한 순간이야'라고 말했던
모든 순간을 사랑하고, 바다와 언덕과 도시를 사랑한다.
프라하와 연애한 지 삼 년째, 안나와 함께 프라하의 여름을 쓰고 있다.
독일 프라이부르크대학교에서 국제연극을 공부하며, 길 위의 일상과 순간들을 사진과 글로 담고 있다.
퍼낸 책으로는 《하루여행》이 있다.
@monologyu leehangyu.com

안나 고르부시노바 Anna Gorbušinová

알라 할머니와 오랫동안 함께해온 두 마리의 고양이, 그리고 매일 보는 해 질 녘의 노을을 사랑한다.
어딘가 모르는 곳으로 가서 수많은 예쁜 사진을 찍고, 자신을 위해 식물이나 리넨 셔츠 같은 물건들을 사고, 삭막한
도시에서 벗어나 자연을 마주하는 것을 사랑한다. 그 모든 것들이 있는 프라하에서 스무 해를 살았다.
현재는 카를대학교에서 예술과 영어를 전공하고 있으며,
체코어와 러시아어, 그리고 한국어와 영어 사이에서 자주 길을 잃는다.
@tenisana